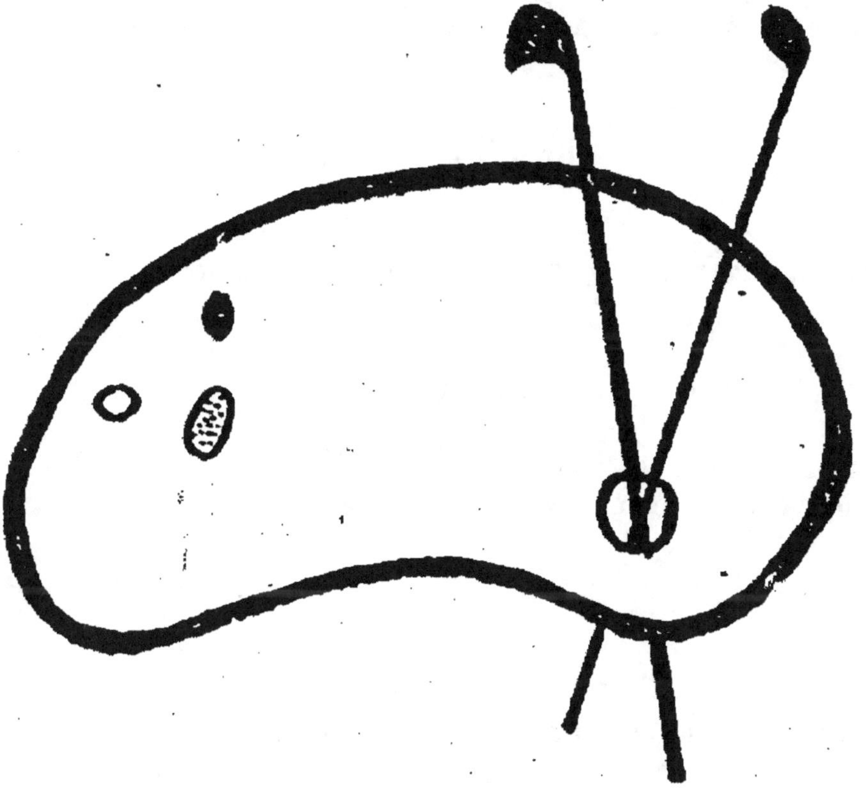

DEBUT D'UNE SERIE DE DOCUMENTS
EN COULEUR

DU

CONTRAT DE TRANSPORT

RÉSUMÉ

DE LA LÉGISLATION ET DE LA JURISPRUDENCE

PAR

A. DE BARANDIARAN

DOCTEUR EN DROIT, AVOCAT A LA COUR DE PARIS

(EXTRAIT DE LA *FRANCE JUDICIAIRE*)

PARIS

A. DURAND ET PEDONE-LAURIEL, ÉDITEURS

G. PEDONE-LAURIEL, SUCCESSEUR

13, RUE SOUFFLOT, 13

1893

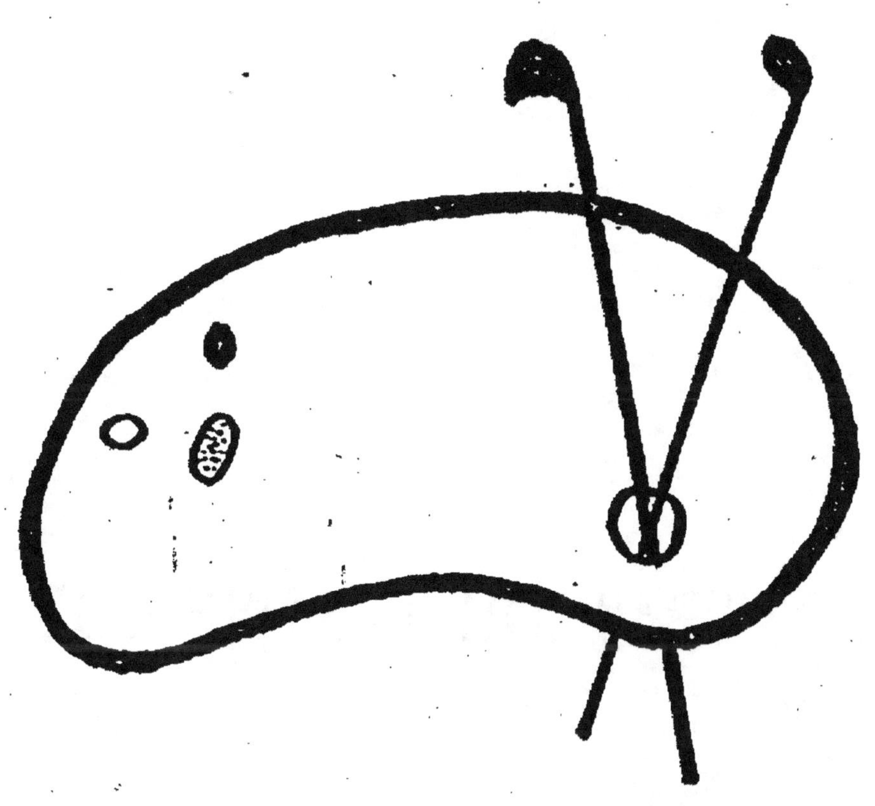

FIN D'UNE SERIE DE DOCUMENTS
EN COULEUR

CONTRAT DE TRANSPORT

Imp. G. Saint-Aubin et Thevenot, Saint-Dizier. 30, Passage Verdeau, Paris.

DU

CONTRAT DE TRANSPORT

RÉSUMÉ

DE LA LÉGISLATION ET DE LA JURISPRUDENCE

PAR

A. DE BARANDIARAN

DOCTEUR EN DROIT AVOCAT A LA COUR DE PARIS

(EXTRAIT DE LA *FRANCE JUDICIAIRE*)

PARIS

A. DURAND ET PEDONE-LAURIEL, ÉDITEURS

LIBRAIRES DE LA COUR D'APPEL ET DE L'ORDRE DES AVOCATS

G. PEDONE-LAURIEL, SUCCESSEUR

13, RUE SOUFFLOT, 13

1893

DU CONTRAT DE TRANSPORT

RÉSUMÉ DE LA LÉGISLATION ET DE LA JURISPRUDENCE

1. — Le contrat de *transport* est celui qui intervient entre une personne qui veut faire transporter des marchandises ou se faire transporter elle-même d'un lieu dans un autre et celle qui, moyennant le payement d'une somme déterminée, se charge de l'opération.

2. — On appelle *voiturier* celui qui s'engage à effectuer le transport, soit par lui-même, soit par ses agents, et *commissionnaire de transports*, celui qui s'oblige seulement à faire opérer le transport, et traite à cet effet avec un ou plusieurs voituriers. Ces deux catégories de personnes sont d'ailleurs soumises à des obligations presque identiques.

Quelquefois dans la pratique la double qualité de commissionnaire et de voiturier se trouve confondue sur une même tête ; c'est ce qui a lieu, lorsque des marchandises doivent voyager sur plusieurs réseaux de chemins de fer ; chacune des compagnies joue le rôle de voiturier en tant qu'elle opère le transport sur ses propres lignes et celui de commissionnaire en tant qu'elle transmet aux autres compagnies les marchandises qu'elle a reçues ; la dernière seule est exclusivement un voiturier.

3. — Les transports se divisent en deux grandes catégories, ceux qui ont lieu par mer ou *transports maritimes*, et ceux qui s'effectuent par les voies terrestres ou les eaux intérieures (fleuves ou canaux) désignés sous la dénomination générale de *transports terrestres*.

4. — Le contrat de transport par mer est, sous le nom *d'affrétement* ou *nolissement*, l'objet d'une réglementation particulière dont nous n'avons pas à nous occuper ici.

5. — Les transports terrestres sont tous en principe régis par les mêmes lois, quel que soit le moyen de locomotion em-

ployé ; mais il existe quelques dispositions *spéciales* aux transports par *chemins de fer* et à ceux dont se charge *l'administration des postes*. Il y a aussi des règlements concernant la *navigation fluviale* et des dispositions relatives à la *police du roulage*, laquelle est régie aujourd'hui par la loi du 30 mai 1851 et le décret en forme de règlement d'administration publique du 10 avril 1852.

RÈGLES COMMUNES A TOUS LES TRANSPORTS TERRESTRES.

Transport des marchandises.

6. — Nature et formation du contrat. — *Le transport des marchandises* le seul dont nos lois s'occupent (art. 1782 à 1786, c. civ et 96 à 108 c. comm.) est un contrat *synallagmatique parfait*, participant à la fois du *dépôt* et du *louage d'ouvrage*, se formant entre *l'expéditeur* ou *chargeur* qui fait opérer le transport et le *voiturier* ou le *commissionnaire* qui s'oblige, pour le prix convenu, à faire parvenir les marchandises à destination.

Il suppose en général l'existence d'une troisième personne, celle à qui les marchandises sont expédiées et doivent être remises au lieu d'arrivée, *le destinataire* ; d'ailleurs, celui-ci se confond quelquefois avec l'expéditeur : c'est le cas d'un commerçant qui envoie des marchandises à une succursale de sa maison ou d'une personne qui expédie chez elle des objets achetés en dehors du lieu de sa résidence.

7. — Le commissionnaire de transports peut être appelé à remplir un double rôle : ou il reçoit directement les marchandises des mains de l'expéditeur et c'est lui qui les remet au voiturier ; on l'appelle alors commissionnaire *originaire* ou *chargeur* ; ou bien, lorsque des marchandises doivent passer entre les mains de plusieurs voituriers, il a seulement pour mission de les recevoir pour les réexpédier ensuite, il porte alors le nom de commissionnaire *intermédiaire*.

8. — La nature *civile* ou *commerciale* du contrat dépend des *circonstances* ; il constitue suivant les cas un acte de commerce, soit pour les deux parties, soit pour une seule, ou un acte civil pour les deux ; il est commercial vis-à-vis de l'expéditeur, lorsqu'il se rattache à l'exercice d'un commerce et vis-à-vis du voiturier, lorsque ce dernier est un entrepreneur de transports, c'est-à-dire un individu faisant de l'industrie des transports une profession.

Si le contrat est civil à l'égard du voiturier, les dispositions dérogatoires au droit commun telles que celles relatives aux fins de non-recevoir et aux prescriptions (art 105 et 106. cod. comm.) ne sont pas applicables.

9. — Au point de vue de sa *formation*, le contrat de transport est *consensuel*, car il n'exige aucune formalité, mais il est *réel*, en ce sens qu'il ne prend naissance que par la *remise* des marchandises au voiturier ou à ses employés chargés de les recevoir en son nom. Jusqu'à ce moment il y a bien promesse valable, mais il n'y a pas contrat.

Toutes les fois qu'un entrepreneur de transports annonce par voie d'affiches ou autrement qu'il se charge de transports à des conditions déterminées, il est lié envers toute personne qui déclare vouloir profiter de ces offres, à moins qu'il ne justifie d'une cause légitime du refus.

10. — *Preuve du contrat.* — Il faut appliquer au contrat de transport *les règles ordinaires des preuves* ; lorsqu'il est civil à l'égard des deux parties, la preuve testimoniale n'est pas recevable au-dessus de 150 francs, lorsqu'il a un caractère exclusivement commercial, tous les moyens de preuve sont admissibles.

La loi impose, d'ailleurs, aux commissionnaires de transports et aux voituriers l'obligation de constater sur leur *livre journal* non seulement la *nature* et la *qualité* des marchandises, mais encore, s'ils en sont requis, leur *valeur*.

Dans la pratique, on rédige toujours un *écrit*, soit une *lettre de voiture*, soit un *récépissé*. L'usage de la lettre de voiture est aujourd'hui presqu'entièrement abandonné, surtout par les compagnies de chemins de fer qui ne délivrent guère que des récépissés.

11. — *De la lettre de voiture.* — La *lettre de voiture* est un écrit sous-seing privé revêtant la forme d'une *lettre missive ouverte* adressée au destinataire par l'expéditeur et constatant les conditions du transport.

Les énonciations qui doivent y être contenues sont énumérés dans l'article 102 du code de commerce.

Elle doit exprimer la *nature* et le *poids* ou la *contenance*, des objets à transporter et présenter en marge les *marques* et *numéros* des dits objets. — Elle indique en outre : 1° le *nom* et le *domicile* du *commissionnaire* par l'entremise duquel le transport s'effectue (il s'agit du commissionnaire *chargeur* seul ; s'il n'y en a pas, la lettre devra, bien que la loi ne le dise pas, mentionner le nom et le domicile de *l'expéditeur*); — 2° le *nom du destinataire*, 3° le *nom* et le *domicile* du *voiturier*.

Elle énonce le *prix de la voiture*, c'est-à-dire du transport, en faisant connaitre s'il a déjà été versé par l'expéditeur (*port payé*) ou s'il doit l'être par le destinataire (*port dû*), les *délais* dans lesquels le transport doit s'effectuer, et l'*indemnité* due pour cause de *retard*.

Enfin, elle est *datée* et *signée* par l'expéditeur ou le commissionnaire chargeur.

Par mesure de précaution, la loi veut que la lettre de voiture soit *copiée sur un registre spécial*, coté et paraphé sans intervalle et de suite.

12. — Si quelques-unes des énonciations prescrites par l'article 102 ont été omises, la lettre de voiture n'en fera pas moins preuve pour toutes celles qui y seront contenues ; quant aux autres, on leur appliquera purement et simplement les règles de droit commun en matière de preuve.

13. — Lorsque le contrat est *civil*, la formalité du *double exemplaire* est imposée pour la lettre de voiture ; lorsqu'il est commercial, on peut se contenter d'*un seul* exemplaire ; malgré cela, on en rédige souvent deux, ou bien l'on tire de l'original unique, appelé alors *vraie lettre de voiture*, une copie désignée sous le nom de *fausse lettre de voiture*.

14. — La lettre de voiture présente un triple utilité.

a) Elle sert à *prouver* le contrat, et *non à le former*, comme on pourrait le croire très à tort en prenant à la lettre les termes de l'article 102 du code de commerce.

b) Elle fournit aux agents du voiturier les *renseignements* qui leur sont nécessaires.

c) Elle permet de mettre les marchandises à la *disposition* du destinataire, avant même qu'elles soient parvenues entre ses mains ; il peut, en effet, les vendre à un tiers par la simple *transmission de la lettre de voiture.*

Le mode de transmission varie suivant que la lettre de voiture est au *porteur* à *ordre* ou à *personne dénommée.* — Dans le premier cas, elle se transmet de la main à la main, dans le second, par voie d'endossement, dans le troisième, par les formalités de la cession de créance (art. 1690 c. civ.).

Un usage constant dans le commerce permet la transmission par endossement des lettres de voiture, même lorsqu'elles ne renferment pas la clause à ordre, mais cette manière de procéder présente des dangers, car elle n'est certainement pas conforme à la loi (Cassation, 12 janvier 1847.) Il paraît bien difficile également d'admettre la possibilité d'une transmission de la main à la main pour les lettres de voiture qui ne sont pas au porteur.

15. — *Du récépissé.* — *Le récépissé* correspond au *connaissement* usité dans les transports maritimes. Il a pour but de prouver la remise des marchandises au voiturier et de constater les conditions du transport.

Il rend les mêmes services que la lettre de voiture.

Les parties ont toute liberté pour les énonciations à insérer dans les récépissés et pour la forme à leur donner ; la loi ne réglemente ce genre d'actes que pour les chemins de fer où elle exige qu'ils soient à personne dénommée.

Obligations du voiturier et du commissionnaire.

16. — Les obligations du voiturier sont au nombre de trois.

a) *Opérer le transport des marchandises* par la route et dans les délais fixés par une convention expresse ou tacite. Req. 3 juin 1856 ou à défaut de convention par l'usage.

b) *Veiller à leur conservation* pendant le trajet et notamment, s'il leur survient quelque accident au cours de la route, faire le possible pour en réparer ou en atténuer les conséquences. —

(Cassation, 9 janvier 1884, article 50 de l'ordonnance du 26 novembre 1846 pour les chemins de fer).

c) *Remettre les marchandises au destinataire après leur arrivée* ; ce sont encore les usages et les conventions qui déterminent si la livraison doit ou non avoir lieu au domicile de ce dernier.

17. — Tant que les marchandises sont en cours de route, l'expéditeur conserve le droit de modifier leur destination et le voiturier qui a traité avec lui est tenu de lui obéir, mais il est en droit d'exiger auparavant que l'expéditeur produise son exemplaire de la lettre de voiture ou du récépissé afin d'être sûr d'éviter toute responsabilité envers le destinataire auquel l'un de ces titres aurait été transmis. — (Cassation Req., 9 décembre 1873).

18. — Lorsque le voiturier se trouve en présence d'une saisie-arrêt émanant d'un créancier de l'expéditeur, il n'a pas à se faire juge de sa validité, mais doit conserver les marchandises, tant que la justice n'a pas statué sur ladite saisie-arrêt.

Toutefois, lorsque le prix doit être payé par le destinataire, le voiturier, tant que ce prix n'a pas été soldé, n'a pas à tenir compte d'une opposition d'un créancier du destinataire et n'en doit pas moins, en cas de non-payement, restituer les marchandises à l'expéditeur.

19. — *Responsabilité du commissionnaire ou du voiturier.* — Le voiturier est *responsable* lorsqu'il manque à l'une de ses obligations, ce qui a lieu : a) en cas de *perte*, et il faut comprendre sous ce mot non seulement l'hypothèse où la marchandise a réellement péri, mais encore celle où le voiturier ne justifie pas d'en avoir opéré la remise au destinataire ; aussi le voiturier pour se ménager cette preuve fait-il en général signer le destinataire sur un registre spécial, c'est ce qu'on appelle l'*émargement*.

b) En cas *d'avaries*, c'est-à-dire de détérioration des marchandises transportées.

c) En cas de *retard*, lorsque la remise au destinataire n'a pas été effectuée dans les délais voulus, mais il ne faut pas oublier que le voiturier qui aurait transporté les marchandises dans un temps plus court que celui prévu au contrat, jouirait toutefois, pour opérer la livraison, des délais stipulés dans la lettre de voiture ou le récépissé. — (Cassation, 8 décembre 1886).

20. — Le commissionnaire de transports encourt les mêmes responsabilités que le voiturier. Il est *garant* des faits des voituriers qu'il emploie (art. 99, c. comm.), quand bien même il aurait choisi ces derniers avec le plus grand soin et justifierait qu'eux seuls ont commis une faute. — (Cassation, 28 octobre 1885).

On s'accorde en général à ne considérer ainsi comme *ducroire de plein droit* que les commissionnaires *chargeurs* et non les simples intermédiaires,

La cour de Cassation estime avec la majorité de la doctrine que la loi, édictant la responsabilité du commissionnaire dans tous les cas et sans distinction aucune, il ne saurait y échapper, même en établissant que le choix du voiturier auquel il a confié les marchandises à transporter était forcé pour lui, ce qui a lieu, par exemple, pour les transports par chemins de fer, où l'on doit s'adresser inévitablement à la compagnie sur le réseau de laquelle se trouve le lieu de destination des marchandises. — (Cassation 9 juillet 1872 ; 15 avril 1873 et 9 avril 1879. *Contrà* Lyon, 24 mars 1874).

21. — La responsabilité n'existe pas seulement pendant la durée du transport, mais elle prend naissance à la charge du commissionnaire ou du voiturier, par la remise des objets à transporter, soit à eux-mêmes, soit à leurs agents (art. 1783 c. civ.).

22. — *Cas où cesse la responsabilité.* — La perte des marchandises ou les avaries éprouvées par elle ne donnent lieu à aucune action en responsabilité contre le commissionnaire ou le voiturier, s'ils établissent qu'elles sont dues :

a) A un *cas fortuit* ou de *force majeure* et l'on désigne par là un de ces événements qu'il ne dépend pas d'un homme soigneux et diligent d'empêcher.

b) A un *vice propre* des marchandises ex-germe de maladie dont était atteint l'animal à transporter, au jour où le voiturier l'a reçu, et dont il est mort au cours du voyage.

c) A une *faute de l'expéditeur.*

La preuve pourra s'en faire par tous les moyens possibles.

La responsabilité existerait, malgré le cas fortuit où l'événement de force majeure, s'ils avaient été précédés d'une faute de la part du voiturier ou du commissionnaire, mais c'est alors à celui qui allègue cette faute à la prouver.

23. — L'incendie n'excluant pas *à priori* l'idée de faute, le voiturier doit justifier pour se libérer que le feu a pris par suite d'un cas fortuit ou de force majeure. — (Cassation, 23 août 1858. et Rouen, 28 décembre 1887).

24. — Le voiturier et le commissionnaire ne répondent pas des avaries qui sont la conséquence normale du transport ; ainsi, lorsque l'expéditeur a choisi pour payer un prix moins élevé un mode de transport susceptible d'avoir pour conséquence de plus grands dangers de détérioration pour la marchandise, il ne peut se plaindre qu'en justifiant que l'avarie est due à la faute du transporteur. — (Cassation, 21 novembre 1871 ; 29 janvier 1872 ; 28 décembre 1875 et 7 août 1878).

25. — Le *cas fortuit* et la *force majeure* font disparaître également la responsabilité pour cause de retard...

26. — Les principes posés par la loi en matière de responsabilité des commissionnaires ou des voituriers ne visent que les rapports de ces derniers avec l'expéditeur et n'ont aucune influence sur le point de savoir lequel de ceux-ci supporte les risques ; la marchandise voyage aux risques de celui à qui elle appartient sauf son recours contre le voiturier ou le commissionnaire dans les cas que nous venons d'énumérer (art. 100 du code de commerce).

27. — *Effets de la responsabilité.* — La responsabilité du voiturier ou du commissionnaire a pour effet de l'obliger à *réparer le préjudice* causé par la perte, l'avarie ou le retard.

28. — Pour qu'une indemnité soit due, il faut tout d'abord qu'il y ait eu un *dommage*, et cette règle s'applique même au cas de retard, aussi insère-t-on souvent dans le contrat une clause pénale, d'après laquelle des dommages-intérêts fixés à l'avance seront dus par cela seul que les marchandises ne seront pas arrivées à destination au jour convenu.

Les tribunaux ne peuvent modifier la clause pénale, mais ils l'ont parfois écartée en usant de leur droit d'interprétation de la volonté des parties, lorsqu'ils ont estimé que celles-ci n'avaient pas en vue en rédigeant cette clause un dommage aussi considérable ou aussi minime que celui existant dans la cause et dans ce cas ils recouvraient le droit d'allouer les dommages-intérêts qui leur paraissaient équitables.

29. — Le quantum des dommages-intérêts est déterminé au moyen des trois règles suivantes :

1° *Les juges doivent tenir compte à la fois de la perte qu'a éprouvée et du gain dont a été privé celui qui agit en responsabilité* (art. 1149, c. civ.), ainsi, lorsque les marchandises devaient êtres vendues au lieu d'arrivée le voiturier ou le commissionnaire devra rembourser la valeur qu'elles auraient eu, au lieu de destination, excepté lorsqu'il s'agit d'objets taxés *ad valorem*, c'est-à-dire, dont le prix de transport est proportionnel à la valeur ; dans ce cas, l'indemnité doit être fixée d'après la valeur des objets transportés au lieu d'expédition ;

2° Le commissionnaire ou le voiturier ne peut être tenu de réparer que ce qui a été la conséquence directe ou immédiate de l'inexécution de ses engagements (art. 1151, c. civ.).

3° Son obligation s'étend seulement, sauf le cas de dol, aux dommages-intérêts prévus lors du contrat (art. 1150 c. civ.).

Par application de ce principe, si la perte des marchandises envoyées comme échantillons a fait manquer à l'expéditeur une bonne affaire, celui-ci ne pourra en rendre le voiturier responsable que s'il l'a prévenu que la caisse expédiée renfermait des échantillons. (Cassation, 4 mai 1874 et Paris, 4 décembre 1888) et non si le voiturier a pu légitimement l'ignorer.

Il y aura donc avant tout une question de fait à résoudre.

30. — Si les marchandises n'ont subi que des avaries, l'indemnité à réclamer au voiturier ou au commissionnaire doit se chiffrer par la différence entre la valeur des marchandises avariées et celle qu'elles auraient eu si elles étaient arrivées en bon état.

Rien ne s'opposerait à ce que le voiturier à sa demande ou à celle de son adversaire fût seulement condamné à faire réparer à ses frais l'objet avarié. — (Bourges, 13 mai 1886).

31. — L'expéditeur qui a fait une fausse déclaration dans le but d'avoir à payer un prix de transport moins élevé ne peut jamais obtenir, en cas de perte qu'une somme représentant la valeur par lui déclarée, c'est elle qui a servi de base pour fixer le salaire du voiturier, il est de toute justice qu'elle serve également à déterminer les limites de sa responsabilité. — (Cassation, 27 décembre 1876, *France Judiciaire*, I, 2, 205).

Si la déclaration inexacte de l'expéditeur a pu autoriser le voiturier à donner à la marchandise, en raison de la nature qui lui avait été faussement attribuée, des soins moindres que ceux qui eussent été nécessaires et a occasionné sa perte. — Exemple : un corps liquide a été exposé à des chocs violents par suite desquels il s'est écoulé, mais qui eussent été sans inconvénient pour un corps solide, tel que celui que le voiturier croyait transporter —, celui-ci sera fondé à repousser l'action en dommages-intérêts, car il ne peut être tenu que des dommages prévus lors du contrat. — (Paris, 10 avril 1854.)

Les mêmes règles doivent servir au calcul des dommages-intérêts dus en cas de retard.

32. — *Du laisser pour compte.* — Le *laisser pour compte*, c'est-à-dire, la faculté pour l'expéditeur ou le destinataire de laisser pour compte au voiturier les marchandises avariées en lui réclamant l'indemnité qui eût été due en cas de perte ne saurait être admis en règle générale ; les tribunaux peuvent exceptionnellement l'autoriser lorsque, par suite des avaries, les objets transportés sont devenus impropres à l'usage auquel on les destinait. — (Cassation, 28 janvier 1884 ; Trib. civ. de Loudun, 6 mars 1886).

Le laisser pour compte ne saurait être admis de la part de l'expéditeur, en cas de simple retard, même si le destinataire refuse d'accepter les marchandises. — (Trib. Seine, 18 avril 1883). — Toutefois il a été jugé que le laissé pour compte est légitime, lorsque, par suite du retard, le but poursuivi par les parties intéressées au contrat se trouve manqué, ce qui a lieu, par exemple, pour des marchandises qui, telles que les objets de mode, ne se vendent que pendant une saison et se trouvent sans utilité, lorsqu'elles n'arrivent à destination qu'après la fin de cette saison. — (Colmar, 8 avril 1857 ; Trib. Marseille, 7 novembre 1863.)

La règle d'après laquelle le voiturier ne peut être tenu que des dommages prévus au contrat oblige les tribunaux à refuser le laisser pour compte, lorsque le voiturier a eu de justes motifs d'ignorer les circonstances en raison desquelles le retard avait pour résultat d'enlever à la chose transportée toute utilité pour le destinataire.

33. — *Des clauses limitant ou excluant la responsabilité.* Souvent dans la pratique les commissionnaires de transport et les voituriers insèrent dans leurs contrats des clauses *limitatives* ou *exclusives* de la responsabilité mise à leur charge par la loi.

34. — La validité des clauses fixant d'avance les dommages-intérêts, soit à une somme déterminée ne pouvant être dépassée, soit à tant par kilogramme, ne peut être contestée ; il y a là des clauses générales parfaitement licites et autorisées expressément par le code de commerce (art. 102), en ce qui concerne l'indemnité due pour cause de retard.

La clause pénale n'a évidemment d'application que dans les cas où le voiturier est responsable, d'après le droit commun, de la perte, du retard ou de l'avarie et n'est destinée qu'à éviter, au moyen d'un forfait, les difficultés sur la fixation du quantum de l'indemnité.

Si l'on établissait à la charge du voiturier, l'existence d'une fraude ou d'une faute lourde, la clause pénale n'enchaînerait pas les juges qui pourraient toujours allouer de plus amples dommages-intérêts, car il n'est jamais permis de se soustraire par une convention aux conséquences de son dol ou d'actes équivalents. — (Cassation, 22 février 1888).

35. — Serait également licite la clause ayant pour but de constater que le voiturier a reçu les marchandises des mains de l'expéditeur en mauvais état, constatation que les compagnies de chemin de fer ont coutume d'insérer soit dans le récépissé, soit dans un bulletin spécial, appelé *bulletin de garantie* qui est opposable au destinataire, l'expéditeur ayant stipulé en son nom ; il y a présomption dans cette hypothèse que la perte ou les avaries survenues postérieurement ont leur source dans cet état de choses défectueux, existant lors du départ, mais cette présomption tombe devant la preuve contraire et, quand cette preuve est faite, le voiturier devient responsable.

36. — Quelquefois, le commissionnaire ou le voiturier ne se borne pas à limiter sa responsabilité, mais il déclare s'en exonérer tout à fait ; c'est la clause, dite *de non responsabilité*.

L'article 98 du code de commerce autorise le commissionnaire de transports à procéder ainsi et lui permet de stipuler dans la lettre de voiture *qu'il ne sera pas ducroire*, mais il n'y a pas de texte en ce qui concerne le voiturier : cependant la clause de non responsabilité se rencontre souvent dans la pratique et il est dit notamment dans les tarifs *spéciaux*, c'est-à-dire à prix réduit, des compagnies de chemins de fer que « la *compagnie ne répond pas des déchets et avaries de route.* « La jurisprudence est unanime à décider que cette clause a pour effet non pas d'affranchir le voiturier de la responsabilité de ses fautes ou de celles de ses agents, mais uniquement de mettre, contrairement au droit commun, la preuve de ses fautes à la charge du demandeur en dommages-intérêts.— (Cassation, 4 février 1874 ; 14 juillet 1874 ; 25 octobre 1887 ; 2 juillet 1890, *France Judiciaire*, XIV, 2, 319; 29 décembre 1890. — Agen, 17 juin 1891 ; Rennes, 7 mars 1893.)

Le jugement qui condamne le transporteur à payer une indemnité à l'expéditeur ou au destinataire, doit contenir l'indication d'un fait précis déterminé constitutif de faute à la charge du voiturier. Ainsi, l'on a pu considérer comme insuffisamment motivée en droit la décision qui, se fondant sur ce que les objets à transporter avaient été remis en bon état par l'expéditeur, en concluait qu'il y avait eu nécessairement faute du transporteur. — Cassation, 13 août 1888.

Au contraire, la condamnation prononcée contre le voiturier est parfaitement légitime, lorsque le jugement constate que l'avarie provient d'un choc violent éprouvé en cours de route par le wagon contenant les marchandises et qui aurait pu être évité à l'aide de certaines précautions. — (Cassation, 1er février 1887).

37. — La clause de non-responsabilité pour avaries, lorsqu'elle est conçue dans des termes généraux, vise toutes les avaries qui peuvent atteindre les marchandises au cours de la route et,

par suite, la casse — (Cassation, 29 mars 1886); mais elle ne s'applique pas au cas de perte — (Cassation, 6 février 1889); réciproquement, la clause de non-responsabilité qui ne vise que la perte ne doit pas s'étendre aux avaries.

Le principe est que les clauses de *non-garantie* ayant un *caractère exceptionnel*, doivent être rigoureusement restreintes au cas qu'elles prévoient, par suite, lorsqu'une semblable clause ne vise pas le cas d'incendie, la perte d'un wagon par les flammes en cours de route a pu être mise à la charge d'une compagnie de chemin de fer, sans constatation d'aucune faute de sa part. — (Cassation, 6 janvier 1892).

38. — *De l'action en responsabilité.* — *L'action en* responsabilité contre le commissionnaire ou le voiturier, existe au profit de l'expéditeur qui a traité avec lui, mais aussi au profit du destinataire, car l'expéditeur a valablement stipulé en sa faveur comme condition d'un contrat qu'il faisait pour lui-même (art. 1121 du code civil).

Lorsque le voiturier a été actionné par l'un d'eux, et condamné à lui payer une indemnité, il est libéré vis-à-vis de l'autre.

39. — *Cas où il y a pluralité d'agents de transports.* — Lorsqu'une même marchandise doit, avant de parvenir à destination, passer entre les mains de plusieurs agents de transport, il peut se faire que l'expéditeur s'adresse successivement à chacun d'eux et, alors il se forme autant de contrats qu'il y a d'agents. Cass. 2 juillet 1860, mais, en général, il traite exclusivement avec celui qui doit le premier se charger des marchandises et qui s'engage envers lui à les faire parvenir au destinataire, bien que d'autres voituriers ou commissionnaires doivent également contribuer à l'opération. La situation est alors différente, il y a *pluralité d'agents*, mais *unité de contrat*.

L'expéditeur ou le destinataire pourra en cas de perte, d'avarie ou de retard, en rendre responsable l'un quelconque des agents qui ont coopéré à l'exécution d'un seul et même contrat de transport, mais les conditions de recevabilité de son action varient suivant qu'il agit contre le premier commissionnaire ou voiturier ou contre l'un des agents intermédiaires.

40. — Le premier commissionnaire répond évidemment des

fautes de tous ceux qu'il emploie à effectuer le transport, mais il en est de même du premier voiturier qui joue le rôle de commissionnaire vis-à-vis des voituriers subséquents, et doit être traité dans ses rapports avec l'expéditeur et le destinataire, comme s'il avait été seul chargé du transport.

41. — Le premier voiturier doit, pour échapper à toute responsabilité, justifier de l'existence d'un cas fortuit ou de force majeure, d'un vice de la chose transportée ou d'une faute de l'expéditeur ; il est présumé en l'absence de toute protestation de sa part avoir reçu les marchandises en bon état, car il était à même de les vérifier avant le départ et ne peut imputer qu'à lui-même de ne pas l'avoir fait.

42. — Pour les agents intermédiaires, il y a une distinction à établir suivant qu'il s'agit d'avaries *extérieures* ou d'avaries *intérieures* ; dans le premier cas, l'on applique les mêmes règles que pour le premier voiturier, mais, dans le second, la vérification étant difficile en raison de la célérité des transports, l'on exige avec raison du demandeur en dommages-intérêts, avant de de lui permettre d'actionner un voiturier intermédiaire, la preuve que celui-ci a reçu les marchandises en bon état. La jurisprudence va même jusqu'à lui imposer la nécessité de prouver que le dommage s'est produit pendant que les marchandises se trouvaient aux mains du transporteur, et plus généralement par la faute de ce dernier. — (Cassation, 6 août 1888).

43. — Il a été jugé que le dernier voiturier, lorsqu'il se fait payer par le destinataire l'intégralité du prix du transport, est censé s'être substitué à tous les précédents transporteurs et avoir assumé, par conséquent, la responsabilité de leurs fautes ce qui permet de le traiter comme le commissionnaire chargeur ou comme le premier voiturier. — (Cassation, 6 mai 1872 et 6 janvier 1874.)

44. — Ce voiturier n'encourrait toutefois aucune responsabilité, s'il faisait constater le mauvais état des marchandises en les recevant des mains du voiturier précédent.

45. -- Lorsque les marchandises ont péri, l'expéditeur ou le destinataire ne peut en rendre responsable un voiturier déterminé qu'en justifiant préalablement que ce voiturier a reçu les mar-

chandises, mais, une fois cette preuve faite, c'est à ce dernier d'établir pour se libérer qu'il se trouve dans un des cas où la perte ne lui est pas imputable.—(Cassation, 8 décembre 1873 et Lyon, 22 août 1873.

46. — L'action en dommages-intérêts pour cause de retard n'est recevable contre les voituriers intermédiaires que s'il est démontré qu'ils ont reçu les marchandises en temps utile.

47. — Le voiturier, qui a dû payer en vertu des règles précédentes, bien que n'étant pas en faute a un recours pour se faire indemniser par l'auteur de la faute.

48. — *Modes d'extinction de l'action en responsabilité.* — L'action en responsabilité est susceptible de deux modes d'extinction. — 1° une *fin de non-recevoir* (art. 105, C. comm.) — 2° une *courte prescription* (art. 108, C. comm.) qui peuvent être invoquées par le commissionnaire ou par le voiturier quelle que soit la nature des objets transportés et à l'encontre de tout expéditeur ou destinataire commerçant ou non.

49. — Les articles 105 et 108 primitifs ont été modifiés par la loi du 11 avril 1888 qui nous régit actuellement.

50. — L'article 105 exige trois conditions pour que la *fin de non-recevoir* soit applicable. — 1° *réception* des marchandises par le destinataire ; 2° *payement du prix du transport* ; l'on décide en général qu'il n'y a pas à distinguer entre les expéditions en port payé et celles en port dû, seulement il est certain que la réception des marchandises et le payement du prix n'éteindraient pas l'action en responsabilité contre le voiturier, si elles émanaient non du destinataire, mais d'un simple voiturier intermédiaire ; toutefois cette solution consacrée par la cour de Cassation, par arrêt du 31 mai 1874 n'est exacte que dans le cas où il est intervenu un seul contrat de transport ; si les marchandises étaient adressées d'abord à un destinataire provisoire chargé de les réexpédier, le voiturier qui lui remettrait les marchandises serait libéré, si les conditions exigées par l'article 105 se trouvaient remplies. 3° *Défaut de protestation* de la part du destinataire dans les trois jours qui suivent celui de cette réception et de ce payement.

51. — La loi n'admet la protestation que sous deux formes ;

un *acte extrajudiciaire*, c'est-à-dire un exploit d'huissier, et une *lettre recommandée*.

Il suffit pour que le destinataire conserve ses droits qu'il justifie que la lettre a été mise à la poste avant la fin du troisième jour et il fera cette justification à l'aide du récépissé délivré par l'administration des postes; peu importe que cette lettre ne soit parvenue à destination que postérieurement à l'expiration du délai.

52. — La protestation ne serait pas valable si elle n'était pas *motivée*; le destinataire doit préciser nettement la nature des avaries dont il prétend demander compte au commissionnaire ou au voiturier et il ne serait pas fondé à réclamer une indemnité pour une avarie qu'il n'aurait pas visée; le nombre des actes de protestation n'est pas limité d'ailleurs, pourvu que tous aient lieu dans le court délai fixé par l'article 105 du code de commerce.

53. — Le destinataire a le droit, malgré le délai qui lui est accordé pour protester, d'exiger une vérification immédiate, laquelle a l'avantage d'écarter pour lui tout danger de pouvoir être dans la suite accusé d'avoir lui-même causé l'avarie ou la perte partielle de la chose transportée; si les détériorations sont constatées au moment même de la réception, cette constatation a pour effet d'établir à la charge du voiturier une présomption de faute qui ne tombe que devant la preuve d'un cas fortuit ou d'un autre fait exclusif de responsabilité; au contraire, lorsque la vérification n'est effectuée que postérieurement, à la livraison dans le délai imparti par la loi, comme le colis s'est trouvé en la possession du destinataire et sous sa surveillance exclusive pendant un certain temps, c'est à lui qu'il incombe d'établir que la perte ou l'avarie provient de la faute ou du fait du voiturier. — (Aix, 4 février 1889, *France Judiciaire*, XIV, 2, 60 et Trib. Granville, 24 octobre 1889).

Le voiturier ne serait pas fondé à se refuser à cette vérification avant le payement préalable du prix du transport, car ce n'est que la réception qui rend ce prix exigible et la vérification n'est pas la réception, puisqu'elle peut aboutir quelquefois à un refus de recevoir.

54. — La loi, après avoir énuméré les conditions auxquelles

la fin de non-recevoir est subordonnée, prohibe, sauf pour les transports internationaux, toute convention ayant pour objet de les modifier, mais comme c'est le destinataire qu'on a voulu protéger, il faudrait reconnaître la validité d'une clause prolongeant le délai dans lequel il conserve le droit de protester.

55. — Le destinataire qui a protesté en temps utile garde son action contre le voiturier et n'a plus à redouter pour elle d'autre cause d'extinction que la prescription ; les règles sont les mêmes qu'il s'agisse d'avaries apparentes ou non apparentes.

56. — La fin de non-recevoir s'applique à toute action pouvant être intentée contre le voiturier par l'expéditeur ou le destinataire *pour avarie ou perte partielle*, mais elle ne vise *ni les actions en indemnité pour cause de retard, ni les actions en délaxe*, c'est-à-dire, ayant pour but la restitution d'une partie du prix du transport comme perçu sans droit.

57. — L'article 105 ne concerne pas les rapports de l'expéditeur ou du destinataire qui sont régis par les règles spéciales au contrat intervenu entre eux, toutefois, le vendeur expéditeur serait en droit de faire écarter l'action de l'acheteur destinataire, en prouvant que ce dernier a négligé de vérifier en temps utile les marchandises transportées et de protester dans les trois jours, à partir de la réception et a ainsi fermé la porte à toute action en responsabilité contre le voiturier.— (Paris, 12 juillet 1887).

58. — Les dispositions de l'article 105 du code de commerce ne s'appliqueraient pas dans deux hypothèses :

1° En cas de *fraude* pratiquée par le voiturier pour dissimuler l'avarie et empêcher que la protestation du destinataire se produise dans le délai imparti par la loi.

2° En cas de *vol* des marchandises par les agents du voiturier, car, dans cette situation, l'action en responsabilité dirigée contre ce dernier aurait pour base l'article 1384 du code civil et non plus les obligations dérivant du contrat de transport.

59. — La durée de la *prescription* n'est pas uniforme pour toutes les actions auxquelles peut donner naissance le contrat de transport.

Les actions en *responsabilité*, c'est-à-dire, celles ayant pour objet la réparation du préjudice causé par la perte totale ou partielle de la chose transportée, par les avaries, ou par le retard sont soumises à la *prescription annale*, hors les cas de fraude ou d'infidélité, que le lieu de destination soit situé en France, ou en pays étranger.

60. — Se prescrivent au contraire *par cinq ans* :

1° Les *autres actions* naissant du contrat, action en *détaxe*, action du voiturier contre le destinataire en *payement du prix du transport* ou en *surtaxe*, c'est-à-dire, en payement d'un supplément de prix, action en *rectification de comptes pour erreur, omission, faux ou double emploi* (art. 541 du code de procédure civile).

2° *L'action en responsabilité dans le cas de fraude ou d'infidélité* (la prescription serait de 3 ans si les faits reprochés au voiturier constituaient des délits punis par la loi de peines correctionnelles), mais il ne faudrait pas assimiler, pour cette prescription exceptionnelle, la faute lourde à la fraude ou à l'infidélité.

La même prescription sera applicable au voiturier ou au commissionnaire, lorsque la fraude ou l'infidélité émane soit de leurs préposés ou agents, soit des intermédiaires, auxquels ils se sont adressés pour l'exécution du contrat de transport et qu'ils sont responsables d'avoir mal choisis (Cassation, 26 avril 1859).

61. — La prescription annale de l'article 108 s'applique à tous les cas où les marchandises ont péri ou ont été détériorées après avoir été reçues par le voiturier ; il vise donc la perte ou les avaries survenues soit dans la gare de départ, avant la mise en route, soit dans les magasins du voiturier, après l'arrivée à destination.

62. — Le délai de prescription commence à courir, dans le cas de perte totale, du jour où la remise des marchandises aurait dû être effectuée et, dans tous les autres cas, du jour où la marchandise aura été remise ou offerte au destinataire, c'est-à-dire, mise à sa disposition.

63. — Lorsque le transport est effectué pour le compte de l'État, la prescription ne commence à courir pour les actions du voiturier contre l'État que du jour de la notification de la décision ministérielle emportant liquidation ou ordonnancement définitif, mais cette règle ne s'applique pas aux actions de l'État contre les voituriers qui restent soumises aux règles ordinaires du contrat de transport.

64. — Les causes d'interruption des diverses prescriptions de l'article 108 sont celles de droit commun, une demande en justice ou une reconnaissance de la dette par le débiteur.

La reconnaissance n'a pas besoin d'être expresse, mais elle ne peut alors s'induire que d'actes dont elle résulte nécessairement. Il y aura là une question de fait entièrement abandonnée à l'appréciation des tribunaux.

Ainsi la demande de nomination d'experts n'est interruptive de prescription, ni de la part du destinataire comme action en justice, ni de celle du voiturier comme acte de reconnaissance. — (Besançon, 24 novembre 1886).

Il en serait de même de l'offre faite par ce dernier de terminer le différend par un règlement amiable, car ce règlement peut aboutir à la constatation qu'aucune indemnité n'est due. — (Cassation, 29 décembre 1874).

Il en serait autrement, au contraire de l'offre d'un règlement amiable non pas de la contestation, mais des dommages-intérêts dus pour perte, avaries ou retard, le voiturier reconnaissant alors d'une manière certaine que sa responsabilité est engagée. — (Cassation, 29 novembre 1875).

65. — L'action en responsabilité contre le voiturier ou le commissionnaire étant éteinte par la fin de non-recevoir ou la prescription annale, la responsabilité encourue par lui pourrait-elle être opposée par l'expéditeur ou le destinataire sous forme d'exception à l'action en payement du prix laquelle, ne se prescrit que par cinq ans, en un mot, faut-il appliquer au contrat de transport la règle : « *quæ temporalia sunt ad agendum, perpetua sunt ad excipiendum* » ?

Malgré un arrêt de la cour de Besançon du 24 novembre 1886, qui décide la négative, sous prétexte que la réclamation du destinataire en ce cas n'est pas une exception, mais une demande distincte par son objet et sa cause de celle du voiturier, l'on admet en général l'affirmative, car le but poursuivi par le destinataire est de faire repousser l'action dirigée contre lui, par un moyen de défense tiré de la compensation ; évidemment, il ne serait en droit de réclamer des dommages-intérêts que jusqu'à concurrence du prix du transport car, pour l'excédant, il y aurait une véritable action qui ne pourrait être admise par les tribunaux.

66. — Lorsqu'il y a pluralité d'agents de transport, le délai pour intenter chaque action récursoire est d'un mois à partir du jour de l'exercice de l'action contre le garanti.

67. — Les diverses prescriptions dont il s'agit sont opposables aussi bien à l'expéditeur qu'au destinataire. Toute convention ayant pour but d'en prolonger le délai serait nulle et de nul effet, car l'article 2220 du code civil, interdisant au débiteur de renoncer d'avance à la prescription, l'on doit en conclure par analogie que la loi lui défend d'accepter une prescription plus longue que celle qu'elle a édictée dans ses dispositions.

68. — Le voiturier peut invoquer ces prescriptions pour faire repousser les actions nées du contrat de transport que l'on voudrait exercer contre lui, mais il ne peut s'en servir pour écarter une action en revendication ; intentée, même après un an, par le destinataire ou l'expéditeur à l'occasion de marchandises que l'on croyait perdues et qui sont retrouvées ; il s'agit alors, en effet, non pas d'une prescription acquisitive courant contre le propriétaire des marchandises, mais d'une prescription purement libératoire.

Obligations de l'expéditeur ou du destinataire.

69. — L'obligation principale de l'expéditeur ou du destinataire a pour objet le *payement du prix du transport* ; ce payement est exclusivement à la charge du premier dans le cas d'expédition franco ou en port payé ; si l'expédition est faite en port dû, le voiturier doit s'adresser d'abord au second, seulement, lorsqu'il n'est pas désintéressé par lui, il conserve toujours la faculté d'actionner l'expéditeur avec lequel il a contracté, à moins qu'il ne préfère vendre les marchandises et se payer sur le prix.

70. — Le destinataire ou l'expéditeur peut avoir à payer, outre le prix du transport, divers frais accessoires, tels que les droits de *douane* ou *d'octroi* ou *l'enregistrement*, les frais de *réparations* faites au cours de la route dans le cas d'avaries ou de perte partielle dont le voiturier n'est pas responsable, et, parfois, ceux de *chargement* ou de *déchargement*.

71. — Le voiturier aurait droit à un supplément de prix de transport si par suite d'un cas fortuit ou de force majeure, il avait été obligé de faire faire aux marchandises transportées un trajet plus long, soit en les conduisant à une station plus éloignée que le lieu de destination soit en les ramenant à la gare de départ; il devrait recevoir un salaire proportionnel à l'excédant de distance parcouru, s'il n'était pas constaté qu'il aurait pu prendre dans l'espèce une mesure plus utile aux intérêts du destinataire. — (Cassation, 5 mai 1869 et Paris, 6 décembre 1872).

Il en serait autrement, si le voiturier avait prolongé outre mesure et sans nécessité la durée du tranport, sans avoir égard aux intérêts du propriétaire des objets transportés. — (Cassation, 11 juin 1872).

72. — Le prix convenu pour le transport est toujours en principe dû en totalité, mais il en est différemment lorsqu'il y a eu perte totale, même n'engageant pas la responsabilité du voiturier, car le contrat de transport participe de la nature de louage d'ouvrage où l'ouvrier n'a droit à aucun salaire, si la chose périt avant que l'ouvrage ait été reçu (art. 1790, c. civ.).

73. — Le voiturier et le commissionnaire jouissent de *garanties* spéciales pour obtenir le payement de ce qui leur est dû. Ces garanties sont: 1° le droit *de rétention* ou droit pour les transporteurs de refuser la livraison tant qu'ils ne sont pas désintéressés; — 2° un *privilège* sur la chose transportée ou droit de faire vendre cette chose et de se payer par préférence sur le prix.

Le droit de rétention ne saurait leur être refusé, car ils sont créanciers à l'occasion de l'objet même dont ils doivent la restitution.

Le privilège leur est expressément accordé par l'article 2102 du code civil non seulement, pour le prix du transport, mais encore pour les frais accessoires.

Il repose sur l'idée d'une constitution de *gage tacite*, et non sur celle d'une plus value donnée à la marchandise par suite du transport, il serait perdu, par conséquent, si le voiturier se dessaisissait de la chose.— (Paris, 29 août 1855 et Lyon 11 juin 1857). La question est toutefois controversée.

74. — *Cas où le destinataire refuse de prendre livraison.* — S'il y a refus légitime ou non de la part du destinataire d'accepter les marchandises transportées ou contestation relative à la réception desdites marchandises, l'article 106 du code de commerce autorise diverses mesures destinées à sauvegarder les droits des intéressés.

Le voiturier ou toute personne ayant intérêt à la conservation des marchandises, ce qui comprend non seulement le destinataire, mais encore l'expéditeur et l'assureur, peut faire vérifier et constater l'état des objets transportés par des experts que nomme le président du tribunal de commerce ou à son défaut le juge de paix par ordonnance au pied d'une requête.

Cette expertise ne se rattachant pas à un débat judiciaire engagé et présentant le caractère d'une mesure purement conservatoire requérant célérité, n'est pas régie par les règles applicables aux expertises ordinaires, il n'est donc pas nécessaire qu'elle ait lieu contradictoirement en présence de toutes les parties (Aix 6 mars 1874. — Cassation, 30 novembre 1881.)

Si le destinataire persiste dans son attitude, l'autorité judiciaire qui aura autorisé l'expertise, pourra ordonner le dépôt ou le séquestre des marchandises et ensuite leur transport dans un dépôt public ; le voiturier y trouve cet avantage qu'il est déchargé de la garde de la chose.

Enfin le voiturier est en droit de faire ordonner la vente aux enchères des marchandises et de se payer sur le prix.

Bien que l'article 106 vise uniquement le refus du destinataire ou les contestations que soulève la réception des marchandises, on l'étend par analogie aux cas où le destinataire ne peut être trouvé. — (Cassation, 21 mars 1848).

75. — Les dispositions de l'article 106 sont purement faculta-

tives pour les parties qui peuvent, si elles le préfèrent, ne pas s'y conformer ; une vérification contradictoire entre le destinataire et le voiturier pourrait être considérée comme suffisante pour la constatation de l'état des objets dont la réception n'a pas eu lieu. (Colmar, 30 juin 1865 et Rouen 13 mars 1874.) Le voiturier peut faire vendre les marchandises sans remplir les formalités indiquées par l'article 106, mais il agira prudemment en les observant, car, si le destinataire apporte la preuve que leur inobservation a été cause d'un préjudice pour lui, par exemple, que les marchandises se sont vendues dans de moins bonnes conditions, — (Cassation, 8 août 1888), le voiturier pourra être tenu à des dommages-intérêts et ne sera pas quitte envers le destinataire en lui restituant seulement l'excédant du prix de vente sur celui du transport. La simple inobservation des formalités de l'article 106 serait insuffisante pour servir de base à une indemnité en l'absence d'un préjudice pour le destinataire. — (Cassation, 17 novembre 1881 et 17 juillet 1883. *France Judiciaire*, VIII, 2, 53 ; — Cassation, Ch. réunies, 10 mai 1886).

76. — L'article 106 n'est relatif qu'aux droits respectifs du voiturier et du destinataire, il n'est pas applicable aux contestations qui s'élèvent, après la réception de la marchandise et la décharge du voiturier, entre l'expéditeur et le destinataire ou entre le vendeur et l'acheteur. Dans ce cas, l'expertise doit être ordonnée et faite dans les termes du droit commun et des articles 315 et 429 du code de procédure civile. — (Cassation, 3 mars 1863 et Rouen, 18 juillet 1872).

77. — Lorsqu'il s'agit d'objets confiés aux roulages ou aux messageries, la régie les fait vendre s'ils ne sont pas réclamés dans les 6 mois de leur arrivée à destination (Décret du 13 août 1810).

Transport des personnes.

78. — *Nature et formation du contrat.* — Ce contrat qui n'est pas réglementé par nos codes est une variété du louage d'ouvrage, c'est donc un contrat *synallagmatique* et *consensuel.*

Il a toujours pour objet principal le transport d'une personne qu'on appelle *le voyageur*, mais il peut porter accessoirement sur des choses, les *bagages* du voyageur.

Les règles du transport des marchandises ne peuvent s'appliquer à celui des personnes que lorsqu'elles sont conformes au droit commun, mais elles doivent cependant régir par analogie, dans une certaine mesure, le transport des bagages, qui éveille aussi, non seulement l'idée d'un simple louage de services, mais encore celle d'un dépôt.

79. — Le contrat de transport des personnes est commercial pour le commissionnaire ou l'entrepreneur de transports, mais non pour le transporteur qui n'est pas voiturier de profession ; par rapport au voyageur, il présente toujours un caractère purement civil à moins que ce dernier ne soit un commerçant voyageant pour les besoins de son commerce, le contrat rentrerait alors dans la catégorie des actes commerciaux par la qualité de leur auteur.

80. — *Preuve du contrat.* — Il faut appliquer les règles ordinaires en matière de preuve qui varieront suivant la nature civile ou commerciale du contrat.

Dans la pratique, on délivre toujours au voyageur un billet de place qui est généralement cessible ayant la forme au porteur et un bulletin de bagages.

81. — *Obligations des parties.* — Le voyageur a pour obligation unique le payement du prix du transport, quant au voiturier il est tenu non seulement d'opérer le transport dans les conditions stipulées au contrat, mais encore de veiller à la sécurité du voyageur et à la conservation des bagages, il encourrait donc une responsabilité, aussi bien en raison des accidents survenus à la personne des voyageurs pendant le trajet, que, soit de la perte ou des avaries des bagages, soit du retard dans le transport.

82. — *Responsabilité du commissionnaire ou du voiturier.* — La jurisprudence décide en général que, contrairement à ce qui a lieu pour le transport des marchandises et pour celui des bagages, c'est au demandeur en dommages-intérêts qu'il incombe de prouver le fait du voiturier en cas d'accident arrivé à la personne du voyageur, car elle estime que l'article 1784 du code

civil étant hors de cause, il faut appliquer les règles de la responsabilité civile résultant d'un quasi-délit, édictées par les articles 1382 et 1383 du code civil. — (Amiens, 29 décembre 1881; Cassation, 10 novembre 1884; Tribunal civil de Bordeaux, 16 décembre 1885; Poitiers, 6 février 1888; Tribunal de la Seine 7 janvier 1893 et 24 mars 1893. — *Contrà* Aix, 5 juillet 1887 et Paris, 30 août 1892).

83. — La fixation de l'indemnité pouvant être due par le commissionnaire ou le voiturier ne présente aucune difficulté soit en cas de perte partielle ou d'avaries subies par les bagages, soit de retard, car il est toujours possible d'apprécier exactement le dommage, mais il en est autrement en cas de perte totale. La preuve du préjudice éprouvé se fera par tous les moyens possibles contre le voiturier commerçant, et pour la détermination du chiffre des dommages-intérêts, l'on aura égard à la situation du voyageur, à ses habitudes, car, si le voiturier ne peut avoir des renseignements précis sur chaque voyageur, il doit savoir qu'il transporte des individus dont la position et la fortune peuvent varier à l'infini. — (Paris, 18 janvier 1873; Cassation, 10 décembre 1873 et Paris, 19 mars 1875).

Le voiturier devrait en principe répondre de la totalité du vol commis par ses agents, mais il paraît équitable de lui appliquer par analogie la loi du 18 avril 1888 limitant à 1000 francs la responsabilité de l'aubergiste pour vol commis dans son auberge.

84. — Lorsqu'il s'agit du dommage éprouvé par la personne du voyageur, l'indemnité doit, dans l'opinion qui domine en jurisprudence et qui attribue à la responsabilité du voiturier un caractère quasi-délictuel, être en rapport avec le préjudice éprouvé, qu'il ait été ou non prévu lors du contrat; dans l'opinion contraire, on appliquerait l'article 1150 du code civil, mais on pourrait, comme le fait un auteur considérable M. Lyon-Caen, en partant de cette idée indiquée plus haut que le voiturier doit savoir que la situation de tous les voyageurs qu'il transporte n'est pas identique, arriver à faire varier les dommages-intérêts suivant la fortune et la profession de la victime de l'accident.

85. — *Clauses exclusives ou restrictives de responsabilité.* — L'on considère en général comme nulle, non seulement la clause

qui exclurait, mais encore celle qui limiterait seulement la responsabilité du voiturier, lorsqu'il s'agit de la personne des voyageurs, car on la regarde comme une règle d'ordre public ne pouvant être modifiée par une convention contraire, mais ces raisons ne pourraient être invoquées contre la clause visant le simple retard, car il n'est question alors que d'un préjudice purement pécuniaire.

86. — Pour les bagages, il faut donner aux clauses exclusives de responsabilité la même interprétation que pour le transport des marchandises, c'est-à-dire, qu'on les considère comme déplaçant seulement la charge de la preuve, mais une compagnie peut valablement stipuler qu'elle ne répondra pas des bagages non enregistrés (Cassation, 5 février 1873 et 5 juin 1878). Une telle clause ne saurait avoir pour résultat d'affranchir le voiturier de la responsabilité d'une faute lourde ou d'un fait délictueux, mais, réduite à ces termes, ayant pour but d'éviter des erreurs dans la remise des colis à l'arrivée, elle a pour effet de laisser le bagage non inscrit des voyageurs sous leur surveillance particulière et, ainsi comprise, elle n'a rien de contraire, ni aux lois, ni à l'ordre public.

Quant aux clauses simplement restrictives, leur validité ne saurait faire l'ombre d'un doute, si elles sont acceptées par le voyageur, mais faut-il donner la même solution lorsqu'il s'agit de clauses imprimées à l'avance sur le bulletin et lorsque le voyageur n'avait pas la faculté de choisir un autre mode de transport?

Quelques décisions de jurisprudence ont estimé qu'il n'y avait pas alors consentement de sa part et que la clause était nulle.— (Alger, 16 décembre 1846. Paris, 14 août 1847. Douai 17 mai 1847 et Aix, 30 janvier 1861); la question est toutefois controversée.

86 bis. — *Fin de non recevoir et prescription.* — La fin de non recevoir peut s'appliquer au transport des bagages, mais non à celui des personnes. Il en est de même des prescriptions abrégées de un an et de cinq ans de l'article 108. — (Trib. comm. Seine, 3 février 1893). —

Les actions résultant du contrat de transport des personnes se prescrivent par 30 ans, mais si les faits reprochés au voiturier constituent des crimes ou des délits, la prescription serait acquise par l'expiration sans poursuites du délai de dix ans dans le premier cas, de trois ans dans le second.

87. — *Cas où il y a plusieurs agents de transport.* — Lorsqu'il y a pluralité d'agents, chacun joue le rôle de commissionnaire vis-à-vis des voituriers subséquents, mais il y a lieu, pour la détermination de la responsabilité de chacun, de distinguer suivant qu'il s'agit du transport des voyageurs ou de celui des bagages.

Pour le transport des voyageurs, le premier voiturier ne doit pas être considéré comme ducroire de plein droit, car la disposition de l'article 97 du code de commerce est une dérogation au droit commun qui ne saurait être étendue en dehors des cas limitativement prévus ; chaque voiturier est par rapport au précédent un mandataire substitué, or le mandataire direct ne répond pas du mandataire substitué, lorsque celui-ci a été accepté par le mandant et que d'ailleurs, il était désigné dans le contrat. — (Trib. civ. Seine, 30 mars 1889).

Pour le transport des bagages, il faut appliquer les règles du transport des marchandises.

88. — *Compétence en matière de transport.* — La compétence varie, suivant que le contrat constitue ou non un acte civil ; — s'il a ce caractère vis-à-vis des deux parties, les tribunaux civils seront exclusivement compétents ; au contraire, s'il est commercial pour tous les intéressés, la connaissance du litige appartiendra aux tribunaux de commerce. Lorsque la nature du contrat n'est pas la même pour les deux parties, la compétence de la juridiction commerciale ayant un caractère exceptionnel ne pourra en aucun cas être imposée au non commerçant.

89. — Quand les tribunaux civils sont compétents, la connaissance du litige appartient, comme il s'agit d'une action personnelle, au tribunal du domicile du défendeur (art. 59 du C. de pr. civ). Si, au contraire c'est la juridiction commerciale, qui est appelée à statuer, il faut appliquer l'article 420 du code de procédure civile d'après lequel le demandeur peut s'adresser à son choix au tribunal du domicile du défendeur à celui de l'arrondissement où la promesse a été faite et la marchandise livrée, ou enfin à celui dans l'arrondissement duquel le payement doit avoir lieu.

Dans ces conditions, le tribunal de commerce du lieu de destination ne sera compétent que pour les expéditions faites en port dû, mais non pour celles en port payé, car, dans ce dernier cas, il ne rentre plus dans les termes de l'article 420, n'étant pas le tribunal de l'arrondissement où le payement doit être effectué.

Lorsque le voyage a été interrompu par l'ordre de l'expéditeur, le tribunal du lieu d'arrêt, compétent pour connaitre de l'action du voiturier contre l'expéditeur en payement du prix du transport, doit l'être également pour un procès intenté par le second contre le premier.

Aucune difficulté ne s'élève pour la détermination du lieu où la promesse est faite qui est évidemment celui où le contrat est conclu entre l'expéditeur et le commissionnaire ou le voiturier, mais le lieu où la marchandise est livrée, n'est pas, comme on pourrait le croire, la gare de destination, car la loi, lorsqu'elle parle de marchandises dans l'article 420, n'entend viser que ce qui fait l'objet de l'engagement, or ici l'obligation du commissionnaire ou du voiturier a pour objet un fait, l'exécution du transport et elle prend naissance par la réception des marchandises des mains de l'expéditeur; le tribunal du lieu où elles ont été reçues par le transporteur est donc compétent. — (Cassation, 29 août 1856).

90. — Lorsqu'il s'agit du transport des personnes, la compétence civile appartient au juge de paix jusqu'à 100 francs sans appel et jusqu'à 1500 francs à charge d'appel pour les contestations relatives à la perte ou aux avaries des effets emportés par le voyageur avec lui ou au retard dans le transport, tandis que, pour le transport des marchandises, ce magistrat est incompétent, dès que l'intérêt en litige excède 200 francs ; en aucun cas, il ne peut connaitre du dommage causé à la personne du voyageur.

91. — *Législation fiscale.* — Les transports de marchandises autres que ceux par chemins de fer sont soumis par la loi à divers impôts.

Les taxes frappant le contrat de transport lui-même consistent dans deux impôts sur le prix du transport d'un dixième chacun, le premier établi par la loi du 5 ventôse an XIII (art. 75) sur les transports effectués par les entrepreneurs de voitures publiques de terre et grevé d'une taxe supplémentaire de deux décimes par les lois du 28 avril 1816 (art. 231) et du 14 juillet 1855 et le second, institué par la loi du 16 septembre 1871 (art. 12, 2°).

Des impôts sont également perçus sur les écrits rédigés à l'occasion du contrat. Les récépissés et les lettres de voiture doivent être sur papier timbré ; l'on emploie en général des feuilles donnant lieu à la perception d'un droit de 60 centimes. De plus, lorsqu'il s'agit d'une expédition en port dû et que le prix du transport est supérieur à 10 francs, la loi du 23 août 1871 (art. 18) édicte un droit de quittance de 10 centimes à l'occasion de la remise au destinataire du récépissé ou de la lettre de voiture devant lui servir à prouver sa libération. Un second droit de 10 centimes est perçu pour les mêmes motifs sur l'écrit par lequel le destinataire donne décharge au voiturier.

92. — Transports par chemin de fer. Les transports par *chemin de fer* sont régis comme les autres transports terrestres par les articles 1782 à 1788 du code civil et 96 à 108 du code de commerce puisqu'aucun texte n'en écarte l'application, pour ce qui les concerne, mais ils sont également soumis à une réglementation qui leur est propre.

Les dispositions spéciales aux chemins de fer peuvent se diviser en trois groupes :

1° La loi du 11 juin 1842 déterminant les conditions de l'exploitation des grandes lignes, la loi du 15 juillet 1845 sur la police des chemins de fer et le règlement d'administration publique du 15 novembre 1846 sur la police et l'exploitation des chemins de fer.

2° Les diverses lois de concession avec les cahiers des charges qui, ne formant qu'un seul tout avec elles participent de leur caractère obligatoire, ainsi qu'il a été jugé à plusieurs reprises par la Cour suprême.—Cassation, 19 janvier 1858, 15 novembre 1876, *France judiciaire*, 1, 2, 161, et 31 décembre 1879.

3° De nombreux décrets, ordonnances, arrêtés ministériels et préfectoraux, ayant également force de loi et sanctionnés par des peines (art. 21 de la loi du 15 juillet 1845).

Les chemins de fer ont, en outre, fait l'objet de circulaires et d'instructions qui, bien que s'imposant aux compagnies n'ont pas un caractère législatif.

93. — Les compagnies de chemin de fer n'ont pas, comme les voituriers ordinaires, le droit d'arrêter librement d'accord avec leurs co-contractants les conditions du transport, car les *tarifs* ou prix et les *délais* sont *fixés par l'administration avec prohibition absolue de toute convention contraire.* Cette sévérité se justifie très bien par le monopole de fait dont jouissent les compagnies sur les lignes qu'elles exploitent et qui pourrait, en l'absence d'une réglementation minutieuse, comme celle qui a été édictée, donner lieu à des abus, le défaut de concurrence de la part d'entreprises rivales mettant ceux qui traiteraient avec les compagnies à leur merci.

94. — *Des tarifs.* — Les tarifs des compagnies de chemins de fer sont, qu'il s'agisse du transport des personnes ou de celui des marchandises, soumis à deux règles que l'on désigne sous le nom de principe d'*homologation* et de principe d'*égalité* des tarifs et qui peuvent se formuler en ces termes :

« *Non seulement les tarifs ne sauraient être perçus qu'en vertu d'une autorisation administrative, mais encore les compagnies doivent les appliquer à toute personne sans distinction ni faveur individuelles.*

95. — *Principe d'homologation des tarifs.* — Les tarifs énumérés dans les cahiers des charges et désignés sous la dénomination générale de « *tarif maximum ou légal* » ne servent qu'à déterminer la limite des perceptions que les compagnies sont en droit d'exiger pour le transport ; les tarifs perçus par elle dans la pratique ou *tarifs d'application* peuvent être inférieurs à ce maximum, mais l'homologation administrative est toujours exigée non seulement lorsqu'il s'agit d'établir un tarif, mais aussi lorsqu'il est seulement question d'abaisser ou d'élever un tarif primitivement établi. — Cassation, 19 janvier 1849 ; 19 janvier 1850 ; 1er août 1864 et 18 décembre 1867.

Le *droit d'homologation* n'est pas toujours exercé par la même personne ; il appartient exclusivement au *Ministre des travaux publics* pour les chemins de fer *d'intérêt général* (ord. du 15 novembre 1846, art. 44) ; pour les chemins de fer *d'intérêt local*, ce droit ne lui est attribué que sur les tarifs *communs* à des lignes d'intérêt général et à des lignes d'intérêt local ; dans les autres cas, il est dévolu avec des pouvoirs identiques *au préfet* du département. (Loi du 11 juin 1880, art. 5).

96. — C'est aux compagnies elles-mêmes qu'est réservée *l'initiative* en matière de tarifs, c'est donc à elles de dresser pour le soumettre à l'approbation de l'autorité administrative, un tableau des taxes qu'elles ont l'intention de créer ou des modifications qu'elles seraient désireuses d'apporter aux perceptions précédemment autorisées (art. 45 et 49 de l'ordonnance du 15 novembre 1846).

Ce droit d'initiative subit toutefois des *limitations*, l'article 48, page 1 du cahier des charges ne permet le *relèvement* d'un tarif abaissé qu'après le délai de 1 *an* pour les *marchandises* et de 3 *mois* pour les *voyageurs* ; le délai est aussi de 3 *mois* pour la catégorie spéciale de tarifs qu'on désigne sous le nom de tarifs *d'exportation* (décret du 6 avril 1862). — Aucune entrave n'est au contraire apportée à l'abaissement du tarif dont l'élévation a été autorisée à une époque antérieure ou à un nouvel abaissement venant s'ajouter à celui déjà opéré.

Les *propositions* de tarifs faites par les compagnies de chemin de fer dans les conditions précédemment indiquées doivent être *communiquées* aux préfets des départements traversés et aux inspecteurs de l'exploitation commerciale ; elles sont, en outre portées par voie *d'affiches* à la connaissance du *public* qui est ainsi mis à même de présenter ses réclamations ; cette publicité doit durer pendant 1 *mois* et ce n'est qu'à l'expiration de ce délai, que les taxes affichées deviennent exigibles, même si elles ont été homologuées auparavant (art. 49, p. 3 de l'ordonnance de 1846), en aucun cas, d'ailleurs la perception ne pourrait être antérieure à l'homologation.

97. — Si les compagnies, sur la demande du ministre, acceptent quelques changements aux tarifs primitivement proposés par elles, ces *modifications* doivent également être publiées pendant un *mois* avant que les tarifs ainsi modifiés puissent être appliqués.

Le ministre ou le préfet a le droit d'accepter ou de repousser les propositions des compagnies, mais non de leur imposer des modifications, car ce serait leur enlever indirectement le droit d'initiative qui leur appartient.

L'article 42 du cahier des charges apporte une exception à cette règle dans son dernier alinéa pour les transports de certaines denrées ; ce texte permet au gouvernement, toutes les fois que le prix de l'hectolitre de blé s'élèvera sur le marché régulateur à 20 francs ou au-dessus, d'exiger des compagnies pour les blés et autres céréales l'application d'un tarif ne pouvant excéder 0 fr. 07 par tonne et par kilomètre. Le gouvernement s'est fondé sur cette disposition qui reste spéciale aux chemins de fer d'intérêt général pour modifier les tarifs, même contre le gré des compagnies, quand le renchérissement du prix des céréales rendait une semblable mesure opportune.

98. — *Les arrêtés d'homologation* doivent être *publiés* par voie *d'affiches* et les *tarifs en vigueur* à l'exception des tarifs de *transit et d'exportation* (V. n° 116) doivent également être *affichés* d'une façon *permanente* dans les diverses gares et stations ou tout ou moins insérés dans un registre mis à la disposition du public prévenu par une affiche.

99. — Le ministre n'accorde en fait que des homologations purement *provisoi[illegible]* il conserve donc toujours la faculté de les révoquer à son [illegible]. La *révocation* d'un tarif doit être accompagnée des mêmes formalités de *publicité* que sa mise en vigueur.

100. — Le principe de l'homologation des tarifs est très énergiquement *sanctionné* ; toute compagnie, qui perçoit un tarif non revêtu de l'homologation ou qui n'a pas été publié pendant le temps voulu, commet un *délit* réprimé par la loi du 15 juillet 1845 ; elle encourt également des *responsabilités civiles*, car les personnes auxquelles l'application du tarif non homologué ou non publié a porté préjudice, peuvent réclamer des dommages-intérêts en s'appuyant sur les articles 1382 et 1383 du code civil.

101. — Une *exception* est apportée aux règles d'*homologation* et de *publicité* préalables précédemment exposées, pour les tarifs de *transit* et d'*exportation*, bien qu'elles s'appliquent en principe aux transports internationaux.

102. — *Effets de l'homologation.* — Les tarifs dûment homolo-

gués *font la loi des parties* et s'imposent à elles, sans qu'il leur soit permis de les modifier par des conventions particulières expresses ou tacites ; toutes celles qui pourraient intervenir, à l'effet d'élever ou d'abaisser les tarifs, seraient nulles et de nul effet, comme ayant un caractère illicite, de telle sorte que les co-contractants eux-mêmes seraient fondés à en demander la nullité. — Cassation, 19 janvier 1870 et 12 juillet 1872.

Les compagnies aussi bien que les expéditeurs ont un droit acquis à l'application des tarifs homologués ; toute erreur commise au préjudice de l'une quelconque des parties doit être réparée au moyen d'une action en détaxe ou en surtaxe. Cass., 17 août 1864, 13 février 1867, 22 décembre 1868 et 16 mars 1869.

Les expéditeurs auxquels on réclame un supplément de prix ne peuvent demander une indemnité pour le préjudice que leur auraient causé les renseignements inexacts émanés des agents de la compagnie, car ils ont partagé leur erreur et sont en faute de ne pas avoir pris connaissance des tarifs affichés.

103. — Les arrêtés d'homologation, constituant des actes *administratifs*, ne peuvent être attaqués que devant le Conseil d'État ; les tribunaux de l'*ordre judiciaire* n'ont *pas à les apprécier*, mais ils pourraient, sans méconnaître le principe de la séparation des pouvoirs, se refuser à appliquer un tarif qui n'aurait pas fait l'objet d'une homologation régulière.

104. — *Principe de l'égalité des tarifs.* — Les transports par chemins de fer doivent être effectués *sans aucune faveur individuelle* et cette règle s'applique non seulement à la *perception des tarifs*, mais encore aux *délais* des transports et à *l'ordre* dans lequel ils doivent être opérés qui est celui des expéditions.

La violation du principe d'égalité peut exposer la compagnie qui s'en rend coupable à une demande en dommages-intérêts de la part de ceux qu'elle aurait lésés (Cassation, 15 novembre 1871) ; mais la jurisprudence décide qu'il n'y a pas de sanction pénale, cette violation ne constituant pas un délit (Cassation, 21 avril 1868 et 17 novembre 1869). ·

105. — *Prohibition des traités particuliers.* — Les compagnies de chemins de fer avaient autrefois la faculté d'accorder, si elles le jugeaient à propos, une réduction de tarifs, par des traités

particuliers, réduction que l'autorité supérieure qui devait toujours être avertie de toute convention de cette nature, avait le
droit de généraliser et dont toute personne pouvait demander à
bénéficier en acceptant de se conformer aux conditions du traité;
mais les commerçants ignoraient souvent l'existence de ces conventions qui leur causaient alors un réel préjudice, aussi une
circulaire de 1857 a interdit les traités particuliers ; ceux que
les compagnies pourraient conclure aujourd'hui seraient donc
entachés de nullité.

106. — Il ne faudrait pas confondre avec les traités particuliers prohibés des conventions parfaitement licites par lesquelles les compagnies concèdent à des personnes, qui leur ren-
dent des services incontestables, certains avantages représentant
la rémunération de ces services ; ainsi, un individu, tenant à ses
frais un bureau central destiné à recevoir les marchandises à
expédier et à fournir au public des renseignements pour les expéditions, n'est qu'un agent de la compagnie et les remises proportionnelles au poids des marchandises transportées, qui lui
ont été consenties, ne constituent nullement une faveur, mais
bien un salaire tout à fait légitime ; Paris, 29 décembre 1868, et
deux arrêts de la cour de Cassation, du 17 novembre 1869. —
La question de savoir si la convention accordant une réduction
du tarif présente ou non un caractère illicite est résolue en fait
par les tribunaux qui apprécient les circonstances de la cause.
— Cassation, 5 février 1861, 7 avril 1862, 17 novembre 1869.

Classifications des tarifs. — Les classifications des tarifs sont
extrêmement nombreuses.

107. — On peut distinguer d'abord le *tarif légal* ou *maximum*
appelé encore tarif *plein* qui est celui du cahier des charges et
les tarifs perçus par les compagnies ou tarifs d'*application*. Pour
le transport des personnes, le prix est calculé par personne et
par kilomètre ; pour celui des animaux par tête et par kilomé-
tre ; pour le transport des marchandises on tient compte du poids,
de la distance à parcourir et de la vitesse.

Dans les transports par grande vitesse toutes les marchandises
sont soumises au même tarif ; dans les transports par petite vitesse, les cahiers des charges divisent les marchandises en qua-

tre classes et, pour chacune d'elles, le tarif indiqué est différent.

Les compagnies ont, dans leurs tarifs d'application, remplacé cette classification par une division en six séries approuvée par l'autorité administrative lors de l'homologation desdits tarifs.

Les grandes compagnies et les chemins de fer de l'État ont adopté sur ce point une classification uniforme, qui a reçu l'approbation du ministre par arrêté en date du 17 avril 1879, mais, si les divisions sont partout les mêmes, les taxes à percevoir varient suivant les compagnies.

Quant aux marchandises non désignées dans le cahier des charges, elles sont rangées dans la même classe que celles avec lesquelles elles présentent le plus d'analogies ; les tarifs proposés par les compagnies sont approuvés par l'administration.

108. — *Tarifs généraux et tarifs spéciaux.* — Les tarifs d'application se subdivisent en tarifs *généraux* et tarifs *spéciaux*.

Les premiers sont ceux qui forment en quelque sorte le droit commun et qui sont applicables en principe dans le silence de la convention ; les tarifs *spéciaux* ou à *prix réduit* sont ceux qui comportent pour une raison quelconque une diminution du prix du transport.

Les principales clauses justifiant une réduction de ce genre sont la clause *d'augmentation de délai*, permettant aux compagnies de chemins de fer de dépasser les délais ordinaires des transports, la clause de *non responsabilité*, la clause *limitative de l'indemnité pour cause de retard*, la clause de *wagon complet*, accordant une réduction de tarif à celui qui expédie une quantité de marchandises suffisante pour remplir un wagon, etc.

Souvent, plusieurs de ces clauses se trouvent réunies dans un même tarif spécial.

Un arrêté ministériel du 15 juin 1860 a supprimé certains tarifs à prix réduit, dits *tarifs d'abonnement*, où la condition à remplir par l'expéditeur pour obtenir la réduction était l'engagement qu'il contractait pour un temps plus ou moins long de faire transporter par les voies ferrées, à l'exclusion de tout autre mode de transport, les marchandises dont il aurait la libre disposition.

Des tarifs *d'abonnement* peuvent encore être conclus pour les transports des *voyageurs* dans les conditions approuvées par l'administration.

109. — Le principe est que les *tarifs spéciaux* ne sont applicables qu'aux expéditeurs qui en font la *demande* (Cassation, 31 mars 1874, 5 février 1878 et 13 février 1878). Cette demande doit avoir lieu *au moment de l'expédition.*

Il y a *exceptionnellement* des tarifs spéciaux qui sont applicables *d'office* à moins que l'expéditeur ne réclame l'application du tarif général. — (Cassation, 27 novembre 1882).

La demande d'application d'un tarif spécial doit être *formelle*, mais elle n'est pas assujettie à des formules sacramentelles et peut s'induire des circonstances : il suffit que la volonté de l'expéditeur soit clairement manifestée, ainsi, la déclaration d'expédition portant ces mots : « toiles voyageant en vrac », a pu être considérée comme constituant la demande et motivant l'application du tarif spécial relatif aux toiles non enveloppées. (Cassation, 31 mars 1874 et 27 novembre 1882,) mais il faut qu'aucun doute ne puisse subsister sur les intentions de l'expéditeur. — Cassation, 10 février 1886.

110. — Lorsqu'il est certain que l'expéditeur a voulu un tarif spécial et qu'il n'y a de difficultés que sur le point de savoir quel est celui des divers tarifs spéciaux auquel il a voulu se soumettre, les tribunaux apprécieront. — (Cassation, 5 juin 1872 et 10 février 1886.)

111. — Si la marchandise à transporter doit voyager sur les réseaux de plusieurs compagnies, l'expéditeur qui a déclaré opter pour le transport par petite vitesse et au prix du tarif le plus réduit de la première ligne est réputé avoir accepté les tarifs spéciaux de chacune des autres compagnies qui doivent coopérer au transport. — (Cassation, 31 décembre 1868, 9 avril 1877 et 28 juin 1877.)

112. — Les diverses clauses d'un tarif spécial sont *indivisibles*, l'expéditeur est dans l'obligation de les accepter toutes, mais le tarif spécial ne met pas obstacle à l'application des tarifs généraux, en tant qu'il n'y déroge pas.

113. — *Tarifs proportionnels et tarifs différentiels.* — Les tarifs *proportionnels* sont ceux qui varient pour toutes les fractions d'un même parcours et dans tous les sens proportionnellement à la distance parcourue. Les tarifs *différentiels* au contraire varient suivant une loi *autre que celle de la distance* ; ainsi la base peut décroître à mesure que la distance augmente ex : 10 centimes par tonne et par kilomètre jusqu'à 100 kilomètres, 8 centimes au-dessus de 100 kilomètres, 6 centimes au-dessus de 200 kilomètres ; le tarif peut varier aussi suivant le sens dans lequel voyagent les marchandises ; ex : 15 centimes de Paris à Bordeaux par tonne et par kilomètre, 20 centimes de Bordeaux à Paris.

Les tarifs *différentiels* sont dits à *station dénommée* lorsqu'ils sont établis entre deux villes déterminées, et à *station non dénommée*, lorsqu'ils sont fixés d'après le chemin à parcourir, quelles que soient la gare de départ et celle d'arrivée.

114. — Aujourd'hui, *tout tarif différentiel, à l'exception* toutefois des tarifs d'*importation pour les ports de mer* et des tarifs de *transit*, doit contenir la clause *dite « des stations non dénommées »* d'après laquelle, les marchandises se trouvant dans les conditions voulues pour l'application d'un tarif spécial, et expédiées de ou pour une station non dénommée dans ce tarif, peuvent, si elles y trouvent avantage, profiter de la réduction de prix accordée par le tarif en question, en payant pour la distance entière comprise entre la dernière station dénommée située avant la gare de départ et la première station dénommée qui suit le lieu de destination.

115. — *Tarifs communs et tarifs intérieurs.* — Les tarifs *communs*, par opposition aux tarifs *intérieurs*, c'est-à-dire propres à un réseau déterminé, sont ceux établis par suite d'un accord entre deux ou plusieurs compagnies pour être appliqués aux voyageurs ou aux marchandises devant, pour arriver à destination, emprunter successivement leurs réseaux respectifs, et perçus comme si le transport devait s'effectuer sur un seul et même réseau.

116. — On appelle tarifs *internationaux* les tarifs communs arrêtés entre les compagnies françaises et les compagnies étrangères.

Les tarifs internationaux pour les marchandises se divisent en trois catégories, *les tarifs d'exportation* perçus pour les marchandises transportées de France à l'étranger, les *tarifs d'importation* pour les marchandises venant de l'étranger et à destination d'une ville de notre territoire et enfin les *tarifs de transit* pour les marchandises qui ne font que traverser la France.

117. — *Tarifs exceptionnels.* — Il y a des marchandises qui sont soumises à une *surtaxe* ; les tarifs qui leur sont applicables reçoivent pour ce motif le nom de tarifs *exceptionnels.*

Les taxes sont augmentées de *moitié* pour les *masses indivisibles* constituées soit par la nature, soit par la main de l'homme et dont le poids excède 3000 *kilogrammes*; si ce poids est supérieur à 5000 *kilogr*., les compagnies sont en droit de se refuser, si elles le désirent, à opérer le transport, mais, si elles y consentent pour un expéditeur déterminé, elles doivent pendant 3 *mois* au moins accorder les mêmes facilités à tous ceux qui en font la demande ; quant aux prix des transports, ils sont fixés par l'autorité administrative sur les propositions faites par les compagnies (art. 46 du cahier des charges) ; sauf pour la taxe, les autres conditions ordinaires des transports devront être appliquées notamment en ce qui concerne les délais.— (Orléans, 4 décembre 1868.)

Des tarifs exceptionnels sont également applicables (art. 47 du cahier des charges) :

1° Aux marchandises dites *encombrantes*, c'est-à-dire aux denrées et objets qui ne se trouvent pas nommément énoncés dans le tarif et qui ne pèsent pas 200 kilogrammes sous un volume de 1 mètre cube.

2° Aux matières *inflammables* ou *explosibles*, aux animaux et objets *dangereux* pour lesquels les règlements de police prescrivent des précautions spéciales.

3° Aux animaux dont la valeur déclarée excéderait 500.000 *francs.*

4° A l'or et à l'argent, soit en lingots, soit monnayé ou travaillé, au plaqué d'or ou d'argent, au mercure et au platine, ainsi qu'aux bijoux, dentelles, pierres précieuses, objets d'art et autres valeurs.

5° Et, en général, à tous paquets, colis ou excédants de bagages, pesant isolément 40 kilogrammes ou au-dessous.

Les tarifs dans les divers cas sus-énoncés sont fixés chaque année par l'administration.

118. — Les expéditeurs peuvent, pour un même envoi, éviter la surtaxe édictée par l'article 47 du cahier des charges dans ce dernier cas, au moyen du *groupage*, c'est-à-dire, en réunissant ensemble diverses marchandises dont chacune, prise à part, pèse moins de 40 kilogrammes, mais dont le poids total excède ce chiffre.

Les entrepreneurs et les commissionnaires de transports ne peuvent employer que le groupage *à couvert* consistant dans la réunion des marchandises de manière à ne former qu'un seul colis ; les particuliers ont le droit de pratiquer également le groupage *à découvert* où les divers objets sont emballés séparément quoique faisant partie d'un seul et même envoi.

Il a été jugé qu'il suffisait pour qu'il y ait groupage à couvert que les divers objets fussent attachés ensemble à l'aide d'une corde — Seine, 22 juillet 1885. — *Contra*, Paris, 6 mai 1865.

119. — *Frais accessoires.* — On appelle *frais accessoires* ceux qui viennent s'ajouter aux taxes perçues à l'occasion du transport sur la voie ferrée et correspondent au transport, effectué en dehors de cette voie, soit pour apporter les marchandises à la gare de départ soit pour les transporter de la gare d'arrivée au domicile du destinataire.

Le mot *factage* est employé pour les transports par grande vitesse, le mot *camionnage* pour ceux par petite vitesse.

Le monopole de ces transports n'appartient pas aux compagnies de chemins de fer et les expéditeurs ou les destinataires peuvent les faire opérer, comme bon leur semble ; cependant, les compagnies sont dans l'*obligation* d'avoir un service de *factage* et de *camionnage* entre la *gare d'arrivée* et le *domicile du destinataire*, lorsque ce domicile est situé dans le *rayon de l'octroi* et dans une ville d'au moins 5000 *habitants* et que la *distance* à parcourir n'excède pas 5 *kilomètres* (art. 52 et 54, p. 2, cahiers des charges). L'établissement d'un semblable service entre le domicile de l'expéditeur et la gare de départ est au contraire purement facultatif pour les compagnies.

Les tarifs des frais accessoires sont fixés annuellement par le ministre ou par le préfet, suivant les règles et les distinctions précédemment indiquées ; ils sont aussi, comme les autres tarifs, régis par le principe d'égalité.

Pour les localités situées en dehors des limites du factage ou du camionnage, les compagnies se trouvent obligées de s'adresser, lorsqu'il s'agit d'opérer un transport, à des entrepreneurs avec qui elles concluent des conventions dites traités de *correspondance ou de réexpédition.*

Ces traités n'ont pas besoin d'être homologués, lorsque les avantages consentis par eux sont accordés de plein droit à tous ceux qui demandent à en bénéficier ; ils doivent toutefois être communiqués au ministre ; si, au contraire, le bénéfice de la convention va être exclusivement réservé à ceux avec qui elle a été conclue, un arrêté d'homologation est nécessaire pour la valider (art. 52 et 53 du cahier des charges).

Transport des marchandises par chemin de fer.

120. — *Déclarations à fournir par l'expéditeur.* — L'expéditeur doit accompagner la remise des marchandises aux compagnies d'une *déclaration* portant sa *signature* et indiquant la *date précise* (jour et heure) du dépôt.

Cette déclaration doit contenir :

1° Le *nom* et *l'adresse de l'expéditeur.*

2° Le *nombre,* le *poids* et la *nature* des marchandises à transporter, leurs *numéros, marques ou adresses* et même leur *valeur,* lorsqu'il s'agit d'objets taxés *ad valorem.*

3° La mention en *port payé* ou en *port dû.*

4° L'indication en toutes lettres, s'il y a lieu, de la *somme à faire suivre,* et il faut entendre par là toute somme dont la compagnie a reçu mission de réclamer le payement au destinataire avant d'opérer la livraison et qu'elle s'est engagée à envoyer ensuite à celui à qui l'argent est dû.

Lorsque l'expéditeur est un voiturier auquel le prix du transport n'a pas été payé et qui charge la compagnie d'en opérer le recouvrement, on dit que le transport est grevé de *débours;* si la somme à recouvrer représente le prix de vente des marchandises dû à l'expéditeur par le destinataire, le transport est dit grevé de *remboursement.*

L'expéditeur ne peut en aucun cas exiger à l'avance les sommes à faire suivre.

5° La mention que le transport a lieu en *grande* ou *en petite vitesse*.

6° La mention *à domicile* ou en *gare* selon que la marchandise doit être transportée au domicile du destinataire ou qu'il doit en prendre livraison en gare.

Lorsqu'elle fait défaut, les marchandises doivent être adressées à domicile pour les transports par grande vitesse pourvu qu'il existe un service de factage à destination de la localité où est situé ce domicile ; lorsqu'il s'agit de transports par petite vitesse, la marchandise sera au contraire considérée comme livrable en gare.

7° Le nom et l'adresse du destinataire.

L'adresse du destinataire est exigée non seulement pour les marchandises livrables à domicile, mais encore pour celles dont la livraison doit être opérée en gare. Cass., 26 décembre 1888 ; les tarifs généraux et l'article 10 de la loi du 13 mai 1863 n'établissent en effet aucune distinction entre les deux cas ; il en est de même de l'article 102 du Code de commerce indiquant les mentions que doit contenir la lettre de voiture. D'ailleurs, cette exigence de la loi se justifie très bien, car il est nécessaire que la compagnie soit à même de vérifier si celui qui se présente pour retirer la marchandise a vraiment qualité à cet effet et que, d'un autre côté, elle sache où adresser la lettre qui doit servir de point de départ pour la perception des frais de magasinage. V° n° 138.

Obligations des compagnies au départ.

121. — Les compagnies de chemin de fer n'ont pas, comme les autres voituriers, la faculté d'accepter ou de refuser à leur gré de se charger du transport, mais sont obligées de l'effectuer dans les conditions prévues aux tarifs pour tous objets que l'on désire leur confier, quelle qu'en soit la nature.

Cette règle comporte toutefois des tempéraments, ainsi les compagnies sont en droit de refuser les objets dont le poids excède 5000 kilog. (art. 46 du cahier des charges) et les marchandises expédiées en port dû, lorsqu'elles ont déjà subi des avaries ou que leur emballage est défectueux.

La même solution doit être donnée pour les objets à destination d'une localité qui n'est desservie par aucune voie ferrée ; il en serait autrement, si le lieu de destination était seulement situé sur un autre réseau que la gare d'expédition ; il résulte en effet de l'article 61, page 5 du cahier des charges que les compagnies, dont les lignes se joignent, sont tenues de s'entendre entre elles pour que le transport ne soit pas interrompu au point de jonction, et, il en serait ainsi, dans le cas qui nous occupe, où il faudrait, si la première compagnie refusait de se charger du transport pour la partie du trajet devant s'accomplir en dehors de son réseau, envoyer au point de jonction un destinataire provisoire chargé de recevoir la marchandise et de la réexpédier ensuite pour qu'elle puisse continuer son voyage jusqu'au lieu de destination. — (Cassation, 24 février 1875 et 20 juillet 1875.)

122. — Une compagnie de chemin de fer serait fondée à refuser d'effectuer un transport si la déclaration d'expédition ne contenait pas les mentions exigées par la loi et destinées à fournir à la compagnie les renseignements qui lui sont nécessaires pour l'exécution du contrat, tels que l'indication du nom et du domicile du destinataire.

Les compagnies pourraient également se soustraire à l'obligation d'effectuer dans les conditions légales un transport qui leur serait demandé si elles justifiaient d'une impossibilité absolue y mettant obstacle et dérivant d'un cas fortuit ou de force majeure ; en effet, il a été jugé avec raison qu'une compagnie échappe à tout reproche lorsqu'elle s'est conformée rigoureusement aux prescriptions du cahier des charges et qu'on ne peut lui reprocher ni mauvais vouloir, ni négligence, ni faute. — (Cassation, 20 janvier 1875.)

Il est certain également qu'un refus de réception immédiate est pleinement justifié par l'encombrement de la gare du départ et de celle d'arrivée rendant momentanément le transport impossible. — (Cassation, 4 février 1874 et 20 janvier 1875.)

Il y a dans tous ces cas une appréciation de fait abandonnée aux tribunaux qui jouissent sur ce point d'une très grande latitude.

123. — Les compagnies sont tenues *d'inscrire* toutes leurs expéditions sur des *registres spéciaux* ; ce n'est pas là une simple mesure de comptabilité, elle a encore un autre but ; en effet, ce sont les enregistrements qui déterminent l'ordre dans lequel les expéditions doivent être opérées.

124. — La loi impose aux compagnies de chemins de fer l'obligation de délivrer à l'expéditeur un *récépissé* détaché d'un livre à souche et contenant, outre le *nom* et *l'adresse du destinataire,* la *désignation des colis avec indication de leur nature et du prix total du transport.* — Loi du 13 mai 1863 (art. 10).

Un *double* du récépissé doit être *expédié* avec les marchandises pour être remis au destinataire ; en fait, l'exemplaire envoyé à ce dernier contient des mentions plus détaillées que celui délivré à l'expéditeur, ce qui constitue une pratique essentiellement vicieuse et susceptible d'engendrer de graves erreurs. Elle a conduit des compagnies de chemin de fer à soutenir que l'expéditeur, lorsqu'il intentait une action en détaxe, devait produire le récépissé du destinataire. Il est certain que quelquefois dans la pratique, l'insuffisance des mentions insérées sur l'exemplaire de l'expéditeur rend très difficile d'apprécier, sur le vu de ce seul document, s'il y a eu ou non perception indue de la part de la compagnie, mais la question de principe ne saurait être douteuse, aussi, est-ce avec raison qu'il a été jugé que le récépissé délivré par une compagnie de chemin de fer à l'expéditeur est un véritable titre établissant les conditions du transport et produisant les mêmes effets que la lettre de voiture, et que, par suite, la production de ce récépissé devait être considérée comme suffisante pour la recevabilité d'une action en répétition de surtaxe, intentée par cet expéditeur auquel la compagnie demandait, en outre, la présentation du récépissé délivré au destinataire. — (Bordeaux, 13 janvier 1890).

Il faut même aller plus loin et décider que la clause insérée au bas du récépissé remis aux destinataires et portant qu' « aucune réclamation ne peut être examinée sans la production du présent récépissé » est nulle et de nul effet, car elle n'a jamais reçu l'approbation administrative. Même arrêt. Si le récépissé présenté par l'expéditeur est considéré comme une preuve insuffisante du bien fondé de la demande en détaxe, le juge peut ordonner la production des livres de la compagnie et des pièces correspondantes au transport qu'il considère comme étant de nature à éclairer sa conviction. (Même arrêt.)

125. — La loi impose pour le récépissé la forme *nominative*, mais, dans la pratique, on n'exige pas que le destinataire se présente en personne pour retirer la marchandise dans le cas où la livraison doit avoir lieu en gare, et l'on considère le porteur du récépissé comme ayant reçu mandat du destinataire pour recevoir les marchandises en son nom.

126. — Si le transport doit avoir lieu par *mer* pour une partie du trajet, un *connaissement* est nécessaire pour ce qui concerne cette fraction du voyage ; un récépissé serait au contraire suffisant pour des transports qui, bien que n'ayant pas lieu exclusivement par les voies ferrées, n'emprunteraient cependant que des voies terrestres.

127. — Les expéditeurs ont la *faculté* de réclamer, s'ils le préfèrent, une *lettre de voiture* à la place du récépissé, mais ils en usent rarement n'y trouvant plus aucun intérêt, depuis que la cour de Cassation a décidé par trois arrêts en date du 27 janvier 1862, que l'expéditeur ne pouvait, ainsi qu'on l'avait admis pendant longtemps, exiger l'insertion dans la lettre de voiture d'une clause pénale édictant pour le cas de retard la retenue du tiers du prix du transport à titre de dommages-intérêts.

Le récépissé rend d'ailleurs les mêmes services que la lettre de voiture et présente la même utilité soit pour la constitution d'un gage au profit d'un créancier, soit pour la vente des marchandises expédiées.

128. — Lorsqu'il y a groupage, le récépissé collectif n'est pas suffisant, mais il faut un récépissé spécial à chaque destinataire et ce à peine d'une amende pour chaque contravention. (Loi du 30 mars 1872.) C'est ainsi qu'un jugement du tribunal de la Seine du 26 juillet 1878 a pu condamner un même commissionnaire de transports à 643 amendes dont chacune correspondait à une contravention.

129. — Les marchandises ayant une même destination doivent nécessairement être expédiées dans l'ordre où ont eu lieu les inscriptions des expéditions dans le registre tenu à cet effet, à moins qu'il ne s'agisse d'un tarif spécial avec augmentation des délais du transport.

Cette règle ne doit pas s'appliquer aux *munitions de guerre* lesquelles doivent toujours être mises en route dans le premier train suivant la remise qui en est faite à la compagnie par l'expéditeur.

130. — Dans la pratique, les compagnies jouissent d'une certaine latitude ; les cahiers des charges disant expressément que « le seul délai obligatoire pour elles et dont l'inobservation pourrait les exposer à des responsabilités, est le délai *total*, comprenant le délai de *mise en route*, celui de *transport* et celui de *livraison* ».

Ces divers délais ne sont pas laissés à l'arbitraire des parties, mais fixés par les arrêtés administratifs et il est interdit aux compagnies de les modifier par des conventions particulières. — (Cassation, 8 décembre 1886.)

Obligations des compagnies à l'arrivée.

131. — Les compagnies doivent à l'arrivée *inscrire* et cette fois sans la perception d'aucune taxe, les marchandises sur un registre spécial ce qui permet de vérifier sans difficulté si les délais voulus ont été observés pour le transport et pour la livraison.

132. — La livraison doit être effectuée dans les délais réglementaires, soit en gare, soit au domicile du destinataire, suivant les indications fournies par l'expéditeur dans la déclaration accompagnant la réception par les agents de la compagnie des marchandises à transporter.

Si la déclaration ne s'explique pas sur ce point, les objets transportés doivent être livrés au domicile du destinataire lorsqu'il s'agit de transports par grande vitesse, ils sont au contraire livrables en gare pour les transports par petite vitesse.

133. — La jurisprudence admet actuellement le destinataire à prendre livraison en gare, s'il le juge à propos, même lorsque la déclaration d'expédition indique les marchandises comme étant livrables à domicile. (Cassation, 17 juillet 1861, Paris, 7 juillet 1888. — *Contra*, Req., 13 juillet 1859); par conséquent, une compagnie de chemin de fer ne serait pas fondée à réclamer le payement des frais du factage ou du camionnage qu'elle aurait jugé bon d'opérer malgré l'avertissement reçu en temps utile du destinataire.

Lorsqu'il s'agit de marchandises stipulées livrables en gare, la compagnie ne peut jamais en principe sur sa propre initiative opérer le transport à domicile avec les frais qu'il comporte, mais elle peut être autorisée par arrêtés ministériels dans certains cas exceptionnels où il y a lieu de prendre des mesures pour éviter les encombrements dans les gares, à envoyer au destinataire une lettre l'invitant à retirer les marchandises et, s'il n'a pas opéré le retrait dans un certain délai après la mise à la poste de cette lettre, à les camionner d'office.

131. — Les compagnies ont souvent l'habitude, lorsque la livraison doit être effectuée en gare, d'adresser une *lettre d'avis* à l'expéditeur pour le prévenir de l'arrivée des marchandises, mais y a-t-il pour elles une obligation de procéder ainsi ou une simple faculté ? La première de ces deux solutions a été quelquefois soutenue et a même été adoptée par un arrêt de la cour de cassation du 31 mai 1870, mais la jurisprudence est aujourd'hui unanime à consacrer la seconde et à décider que les lettres d'avis sont purement facultatives pour les compagnies de chemin de fer. — (Cassation, 2 décembre 1873, 29 novembre 1881, *France judiciaire*, VI, 2, 464, 21 novembre 1883, 8 juin 1886 et Alger, 20 mars 1887.)

Il en résulte que le destinataire ne sera jamais fondé à se plaindre des conséquences que peut entraîner pour lui soit la non réception, soit la réception tardive de l'avis ; il est certain, par exemple, que des dommages-intérêts ne pourront être réclamés à la compagnie en raison d'une avarie survenue à la marchandise, parce que le destinataire non averti de l'arrivée n'a pas immédiatement opéré le retrait, (Cassation, 2 décembre 1873), ni en raison du retard dans la livraison résultant de ce que la lettre d'avis n'est parvenue à destination que tardivement. — (Cassation, 11 janvier 1880 et 23 février 1881, *France judiciaire*, VI, 2, 735.)

135. — Bien que l'usage des lettres d'avis ne soit pas obligatoire pour les compagnies, sauf dans les cas exceptionnels où le camionnage d'office est autorisé pour des marchandises que la déclaration d'expédition qualifiait de livrables en gare, il présente toutefois pour elles une sérieuse utilité ; ces lettres mettent en effet, le destinataire en demeure de retirer les marchandises et font courir à l'expiration d'un certain délai les droits de magasinage (V. n° 138) qui ne peuvent être réclamés par les compagnies en l'absence d'un avis adressé au destinataire.

136. — Le destinataire a le droit d'exiger de la compagnie la *remise du double du récépissé* qui doit être expédié avec les marchandises ; cette pièce lui est utile pour constater sa libération, lorsque c'est lui qui doit acquitter le prix du transport.

Obligations du destinataire.

137. — 1° Le destinataire est tenu de *prendre livraison* lorsque les marchandises sont *livrables en gare*.

2° Il doit *payer le prix du transport* lorsque l'expédition a été faite en *port dû*, ainsi que les frais *accessoires* tels que ceux de factage et de camionnage et enfin s'il y a lieu les droits de *magasinage*.

3° Il est tenu d'apposer sur un registre qui lui est présenté sa signature servant à constater que la compagnie de chemins de fer a rempli tous ses engagements envers lui ; c'est ce qu'on appelle l'*émargement*.

138. — *Droits de magasinage.* — La loi, voulant avec raison éviter les encombrements dans les gares, autorise les compagnies de chemins de fer à réclamer au destinataire qui n'a pas, pour quelque motif que ce soit, pris livraison de la marchandise expédiée, dans les deux jours qui suivent *la mise à la poste d'une lettre d'avis* à lui adressée par la compagnie chargée du transport, une taxe supplémentaire, désignée sous le nom de *droits de magasinage*.

Le tarif des frais de magasinage a été fixé par l'arrêté ministériel du 30 novembre 1876 qui est encore en vigueur aujourd'hui; il varie à la fois suivant la nature des objets transportés et suivant que le transport a lieu par grande ou par petite vitesse.

139. — Pour les transports par *grande vitesse* le droit de magasinage est de 5 *centimes* par jour par chaque fraction indivisible de 100 *kilogs*, lorsqu'il s'agit de *lait*, de *marchandises* ou de *denrées* et, par chaque fraction indivisible de 1000 *francs*, quand les marchandises transportées sont des objets taxés *ad valorem*; mais dans un cas comme dans l'autre, il y a un *minimum* de perception et la taxe ne saurait être inférieure à 10 *centimes*; pour les *voitures*, le droit est de 1 *franc* par voiture et par jour.

Les animaux transportés par grande vitesse et dont il n'est pas pris livraison à l'arrivée sont envoyés en fourrière aux risques et périls du propriétaire; ce dernier doit indemniser la compagnie pour les frais de fourrière qu'elle justifie avoir payés.

Les compagnies ont la faculté d'envoyer également en fourrière les animaux de petite taille renfermés dans des paniers ou des cages, mais elles peuvent, si elles le préfèrent, percevoir les même droits que ceux afférents aux articles de messagerie voyageant par grande vitesse.

140. — Pour les transports par petite vitesse, le droit est par chaque fraction indivisible de 100 kilogs, de 5 centimes par jour pendant les trois premiers jours et de 10 centimes par jour à partir de l'expiration de ce délai.

Les règles des transports par grande vitesse sont applicables, pour ce qui concerne le minimum de la perception, qui est également de 10 centimes, et pour les taxes relatives aux voitures et aux animaux.

Lorsqu'il s'agit de matériel roulant le droit est de 5 francs par jour et par objet, lorsqu'un délai de 48 heures s'est écoulé après la mise à la poste de la lettre d'avis.

141. — Les compagnies perçoivent pour les marchandises dont le transport a lieu par wagon complet avec faculté ou obligation pour le destinataire de faire opérer lui-même le déchargement et qui n'ont pas été enlevées dans la journée qui suit celle de la

mise à la poste de la lettre d'avis, des droits analogues à ceux de magasinage.

142. — C'est la date de la mise à la poste de la lettre d'avis et non celle où elle est parvenue au destinataire qui doit être prise en considération pour déterminer le point de départ du délai à l'expiration duquel les droits de magasinage pourront être perçus par les compagnies ; dans ces conditions, le destinataire ne saurait alléguer pour se soustraire au payement desdits droits, ni le retard dans la lettre d'avis, (Cassation, 29 décembre 1874,) ni la force majeure par suite de laquelle il s'est trouvé, sans qu'il y ait de sa faute, dans l'impossibilité de prendre livraison. — (Cassation, 29 mars 1887.)

Ces diverses décisions s'expliquent très bien, les droits de magasinage étant considérés comme correspondant à un service rendu par la compagnie au destinataire et nullement à l'idée d'un préjudice causé dont ils représenteraient la réparation.

143. — Les droits de magasinage ne sont dus à une compagnie qu'autant que la marchandise transportée est parvenue à la gare où elle doit être remise au destinataire, par suite, ils ne sauraient être exigés si la marchandise s'arrête en cours de route dans une gare intermédiaire et cela, quand bien même ce stationnement aurait pour cause un événement de force majeure non imputable à la compagnie.

Cette solution devrait être donnée même si la compagnie avait adressé au destinataire des lettres d'avis pour l'inviter à venir prendre livraison quand ces lettres ont été mises à la poste avant l'arrivée de la marchandise à la gare de destination. — (Cassation, 7 juillet 1873, 14 janvier 1874 et 3 juillet 1878.)

Il a cependant été jugé, dans une espèce à peu près analogue, par arrêt de la chambre des requêtes de la cour de cassation en date du 9 décembre 1872 qu'une indemnité pouvait être due à un batelier qui avait gardé sur son bateau des marchandises arrêtées en route par les événements de la guerre. Il était fondé sur ce que le batelier avait rendu service au propriétaire des marchandises en les abritant pendant toute la durée de leur séjour.

144. — Aucune disposition législative ne fixant un maximum,

la Cour de Cassation accorde aux compagnies le droit de percevoir la taxe pour tout le temps que les marchandises séjournent
dans la gare. (Cassation, 29 mai 1877 ; *France judiciaire*, I, 2,
657, 31 juillet 1888.) Il y a toutefois, quelques décisions de
jurisprudence qui ont estimé que les compagnies ne peuvent
en aucun cas réclamer des droits de magasinage dépassant la
valeur des marchandises. — (Paris, 5 mai 1875.)

145. — Les droits de magasinage devant être considérés
comme des *accessoires* du prix du transport, la compagnie de
chemin de fer qui ne pourrait en obtenir le payement du destinataire serait fondée à les réclamer à l'*expéditeur*. — (Lyon, 5 février 1882.

Transport des colis postaux.

146. — L'on désigne sous le nom de *colis postaux* des colis
dont le poids n'est pas supérieur à 3 kilogrammes et dont le
transport, bien que devant être normalement effectué par l'*Administration des Postes*, est confié dans la pratique aux compagnies de *chemin de fer* ou aux compagnies *maritimes* qui sont
pour ces opérations *substituées à l'État*.

Si le lieu de destination d'un colis postal se trouve situé dans
la France continentale, aucune condition particulière n'est exigée relativement au volume ou à la dimension des objets expédiés, mais, dans le cas contraire, leur volume ne doit pas excéder 20 décimètres cubes et leur dimension sur l'une quelconque
de leurs faces, 60 centimètres.

147. — Le service des colis postaux existe non seulement pour
la France et les colonies, mais aussi pour *l'étranger* et a été réglementé par une convention en date du 3 novembre 1880 conclue à Paris entre la France, la Grande-Bretagne, l'Allemagne,
l'Autriche-Hongrie, le Danemark, la Suède et la Belgique ; cette
convention a été partiellement révisée dans un congrès tenu à
Lisbonne, le 21 mars 1855.

148. — Le dépôt des colis postaux est effectué soit dans la
gare, soit dans les bureaux indiqués par les compagnies à cet
effet.

Les colis doivent porter l'indication du *nom* et de *l'adresse du destinataire*, accompagnés de la mention à *domicile* ou *en gare.*

Les compagnies de chemin de fer sont tenues de faire remplir, *dater* et *signer* par l'expéditeur un bulletin d'expédition et de lui délivrer gratuitement un récépissé. Pour les transports à l'étranger, il faut outre le bulletin d'expédition une déclaration de douane tirée en autant d'exemplaires qu'il y a de pays à traverser.

149. — La taxe à percevoir à l'occasion du transport d'un colis postal dont le lieu de destination est situé en France est de 85 centimes si la livraison doit être effectuée à domicile et de 60 centimes, si elle doit avoir lieu en gare.

150. — Pour la France *continentale*, les colis postaux peuvent être expédiés *contre remboursement* pourvu que la somme à rembourser n'excède pas 100 *francs*, mais il faut alors payer *double taxe*, car une nouvelle perception de 60 ou 80 centimes est autorisée dans ce cas.

Si le transport a lieu contre remboursement, un second bulletin d'expédition doit être délivré.

151. — La compagnie est tenue d'adresser des lettres d'avis, lorsque les colis sont livrables en gare, en douane, à une agence ou à un destinataire dont le domicile n'est pas desservi par un service de factage ou de correspondance.

152. — *Responsabilité des compagnies.* — La responsabilité des compagnies chargées du transport des colis postaux est extrèmement limitée. L'indemnité due pour perte ou pour avarie ne saurait excéder 15 francs, le dommage fût-il supérieur. (Convention du 3 novembre 1880, art. 11. Décret du 19 avril 1881, art. 1); les textes sont muets sur le cas de retard ce qui doit amener à décider qu'aucune responsabilité n'est encourue.

153. — *Fin de non-recevoir et prescription.* — Le délai de 3 jours accordé au destinataire par la loi du 11 avril 1888 n'existe pas ici ; ce texte n'ayant pas visé les colis postaux a laissé en vigueur, toutes les dispositions antérieures, la *simple réception* libère donc le transporteur (Convention du 3 novembre 1880, art. 15. Décret du 19 avril 1881, art. 7).

La *prescription* est d'un an ; elle commence à courir non pas du jour de la remise au destinataire mais du jour du *dépôt du colis*.

Transport des personnes par chemins de fer.

154. — Les règles ordinaires du transport des personnes sont en principe applicables aux transports par les voies ferrées, mais ceux-ci sont régis également par des dispositions qui leur sont propres.

Les principes d'homologation et de publicité s'appliquent sans restriction aux tarifs des transports des personnes, comme à ceux des transports des marchandises.., mais le principe d'égalité subit des restrictions déterminées d'ailleurs par les cahiers des charges.

Certaines catégories de personnes bénéficient d'une réduction de tarif sur le prix des places, d'autres jouissent du privilège d'être transportés gratuitement.

C'est ainsi qu'une réduction de moitié est accordée aux enfants entre 3 et 7 ans, aux instituteurs et institutrices primaires publics voyageant avec une autorisation officielle de l'inspecteur primaire, aux élèves maîtres de l'école normale, aux indigents, etc.

Les militaires et les marins ont droit à une réduction de moitié sur le tarif légal ou tarif maximum et, pour quelques lignes d'intérêt local, à une réduction du quart.

Parmi les personnes que les compagnies sont dans l'obligation de transporter sans réclamer aucune taxe, citons les préfets, pour toute l'étendue de leur département, lorsqu'ils se déclarent en tournée de service et les agents des postes.

155. — Les compagnies peuvent, si elles le désirent, organiser un service de voitures entre les gares et les domiciles des voyageurs mais elles n'y sont pas obligées. Ici encore, l'autorisation administrative est imposée toutes les fois qu'il s'agit de conclure avec certains entrepreneurs de transports des traités leur accordant des avantages particuliers.

156. — *Délivrance des billets.* — Le prix du transport est toujours acquitté à *l'avance* par le voyageur auquel on délivre, pour constater le payement, *un billet* qui doit mentionner le jour de la délivrance, le nom de la gare de départ et de celle de destination, la classe du wagon que le voyageur a le droit d'occuper et le prix du voyage.

La compagnie qui, au courant du retard occasionné par un éboulement et de l'impossibilité où se trouve le voyageur d'arriver à destination en temps utile, lui délivre un billet, dont il ne peut faire usage pour correspondre avec un embranchement qu'il doit parcourir, dans les conditions indiquées par les affiches, et ne le prévient pas, se rend coupable d'une faute et doit réparer le préjudice qui en résulterait pour le voyageur. — (Cassation, 26 juin 1872.)

157. — Le fait d'entrer dans un compartiment sans être muni d'un billet ou avec un billet ne donnant droit qu'à une classe inférieure constitue un délit de la part du voyageur.

158. — Le voyageur qui dépasse sciemment la gare pour laquelle il a pris son billet s'expose aux peines portées à l'article 21 de la loi du 15 juillet 1845. — (Amiens, 8 novembre 1877, *France judiciaire*, 11, 2, 108; Pau, 29 mai 1886, Tribunal de Prades, 12 janvier 1888.)

S'il n'y avait pas eu fraude, si le voyageur n'était resté dans son train que par inadvertance, il semble qu'aucune pénalité ne serait applicable; la cour de Dijon, par arrêt du 9 mai 1877, a acquitté un voyageur dont la bonne foi était certaine, mais il a été jugé avec raison que la bonne foi ne doit pas être présumée et que c'est au voyageur à en faire la preuve. — (Toulouse, 9 juillet 1868 et Besançon, 5 février 1879, *France judiciaire*, III, 2, 244.)

159. — Il faut assimiler au voyageur non muni de billet celui qui est porteur d'un coupon périmé; exemple, billet d'aller et retour valable seulement pour un certain temps.

160. — Celui qui, pour ne pas payer sa place, emploierait un billet falsifié serait passible des peines de l'escroquerie. — (Poitiers, 27 juillet 1863, Béziers, 11 juin 1868, Tribunal de la Seine, 19 avril 1873 et Paris, 5 juillet 1878.)

161. — Les billets de place délivrés par les compagnies de che-

mins de fer aux voyageurs ont la forme au porteur ce qui les rend cessibles par la simple transmission de la main à la main ; par exception, les cartes d'abonnement sont personnelles et ne peuvent être cédées par leurs titulaires.

162. — Les billets d'aller et retour sont soumis à des règles spéciales ; le billet entier est cessible mais l'on considère l'aller et le retour comme ne constituant qu'un seul et même voyage, de telle sorte que le voyageur qui aurait employé pour son propre compte le coupon d'aller ne pourrait céder le coupon de retour ; si cette prohibition était enfreinte, la sanction serait rigoureuse, car le porteur de ce dernier coupon devrait être regardé comme voyageant sans billet et comme coupable d'une contravention à la loi du 15 juillet 1845 et à l'ordonnance du 15 novembre 1846, le rendant passible de peines correctionnelles. Il y a de nombreuses décisions de jurisprudence en ce sens.—(Agen, 13 février 1879, Paris, 21 mai 1881, Bordeaux, 11 mars 1891.)

La situation au point de vue pénal du voyageur qui a cédé son coupon de retour est beaucoup plus délicate à déterminer.

Certaines compagnies de chemins de fer ont pris la précaution d'inscrire avec l'autorisation administrative sur les billets d'aller et retour délivrés par elle que « la vente et l'achat des coupons de retour sont interdits ». La jurisprudence reconnaissant aux tarifs dûment homologués force de loi, a pu légitimement décider que le vendeur des coupons de retour tombe, aussi bien que l'acheteur, sous l'application des articles 21 de la loi du 15 juillet 1845 et 79 de l'ordonnance du 15 novembre 1846. — (Cassation, 16 décembre 1882 et Bordeaux, 11 mars 1891.)

Si aucune clause prohibitive ne se trouve sur le billet, il est certain que l'on ne pourra poursuivre le vendeur sous la même inculpation que l'acheteur qui est puni par la loi pénale, parce qu'il voyage sans billet ; quant à la question de savoir s'il peut être poursuivi comme complice, elle a été diversement résolue par la jurisprudence, ce qui s'explique, le point de savoir si le complice d'une contravention est punissable dans les mêmes termes que celui d'un crime ou d'un délit correctionnel étant fortement controversée. — (Voir dans le sens de l'application des règles de la complicité, Paris, 7 mai 1890, Caen, 22 mars 1890. *Contra* Nimes, 29 juillet 1882.)

163. — *Règles relatives aux bagages.* — Il faut donner au mot *bagages* un sens très large embrassant tous les objets que le voyageur transporte avec lui quelqu'en soit la nature et ne pas lui attribuer un sens restrictif, ne comprenant sous la dénomination de bagages que les colis destinés à l'usage personnel du voyageur ce qui exclurait divers objets tels qu'une charrue ou un tonneau. Cette dernière interprétation ne repose en effet sur aucun fondement juridique et l'on conçoit qu'elle ait été condamnée par la jurisprudence. — (Paris, 7 février 1886 et Cassation, 28 octobre 1888.)

Si, en principe, il faut considérer comme bagages tous les colis présentés par le voyageur à l'enregistrement, cette règle comporte toutefois des *tempéraments* pour les objets *taxés ad valorem*, c'est-à-dire, dont le prix de transport est proportionnel à la valeur pour les substances *explosibles* et enfin pour tous les objets qui par leur *forme* ou leur *dimension ne pourraient pénétrer dans les wagons* ; les compagnies sont fondées à se refuser à les considérer comme des bagages.

164. — Tout voyageur a droit à une *franchise de 30 kilogrammes* pour ses bagages ce qui explique le soin avec lequel nous avons déterminé quels sont les objets auxquels on peut donner ce nom, car eux seuls sont appelés à bénéficier de cette franchise.

Pour l'*excédant* de poids de ses bagages sur 30 kilogrammes, le voyageur paiera une taxe égale à celle qui est perçue à l'occasion des transports de marchandises par grande vitesse.

165. — Les bagages sont enregistrés dans un bureau spécial sur la présentation du billet du voyageur; on délivre à ce dernier un bulletin dit « *bulletin de bagages* » qu'il doit présenter à la gare d'arrivée pour se faire remettre ses colis.

166. — *Perte ou avaries des bagages.* — Les compagnies de chemins de fer sont responsables de la perte des bagages ou des avaries qu'ils ont éprouvées. L'obligation pour la compagnie de répondre du dommage et d'indemniser le voyageur n'est pas douteuse, seulement, en cas de perte, celui-ci peut-il réclamer

la valeur de tous les objets perdus, quelqu'élevée qu'elle puisse être, s'il n'a pas déclaré cette valeur? Ce serait évidemment excessif ; la compagnie ne peut être tenue que des dommages prévus lors du contrat, par conséquent, lorsque le voyageur livre des colis pour être transportés en qualité de bagages sans déclarer aucune valeur, la compagnie est fondée à penser qu'on lui confie uniquement des objets emportés par le voyageur pour les besoins de son voyage, objets pouvant varier d'ailleurs avec le but du voyage et la situation de fortune du voyageur. — (Cassation, 10 décembre 1873.)

C'est ainsi que la valeur de dentelles représentant une somme de 3332 francs et celle de bijoux représentant 5425 francs ont pu être par appréciation des circonstances de la cause, allouées par les tribunaux.— (Cassation, 18 janvier 1873 et 5 mars 1872.)

Les mêmes règles ont conduit à décider que le voyageur commerçant, emportant dans ses bagages des échantillons de dentelles pour les besoins de son commerce « pouvait légitimement invoquer sa profession pour se faire rembourser la valeur de ces échantillons (Cassation, 4 mars 1874) ; il a été jugé de même pour des échantillons d'orfévrerie et de bijouterie par arrêt de la Cour de Riom du 13 août 1879.

Le voyageur qui a commis l'imprudence de placer dans sa malle soit des papiers importants, soit des billets de banque doit en supporter les conséquences et ne peut dans ce cas prétendre à la réparation totale du préjudice qu'il a éprouvé par suite de la perte de ses bagages. — (Grenoble, 13 février 1872 et Seine, 29 juillet 1872.)

167. — La jurisprudence n'admet pas la validité de la clause limitant la garantie pour perte d'effets à une somme fixée à l'avance (Rouen, 20 février 1816, Lyon, 6 mars 1821, Cassation, 6 février 1809); quant à la clause de non responsabilité, elle doit recevoir la même interprétation que pour le transport des marchandises, c'est-à-dire, qu'elle n'a d'autre effet que de mettre à la charge du voyageur la preuve de la faute de la compagnie.

168. — *Preuve à fournir par le voyageur.* — Les tribunaux ont en général la tendance à se montrer fort indulgents pour la preuve

de la perte éprouvée par le voyageur, tant qu'il s'agit uniquement d'objets de toilette et des vêtements indispensables pour le voyage, mais lorsque l'on veut aller plus loin et réclamer à la compagnie une indemnité pour des objets de valeur, tels que bijoux et dentelles, les juges peuvent à bon droit se montrer plus sévères et déclarer la demande non recevable par cela seul que le voyageur ne fournirait pas une justification suffisante pour amener dans leur esprit une entière conviction. — (Cassation, 5 mars 1872, 4 juin 1872, 11 juin 1872).

169. — On a souvent posé la question de savoir si le droit de chaque voyageur à une franchise de 30 kilog. de bagages était un droit *personnel* à ce voyageur et par suite incessible du moment qu'il conservait pour lui son billet, ou si au contraire, il était permis à toute personne d'emprunter pour couvrir son excédant le billet d'un autre voyageur dont le bagage aurait un poids inférieur à 30 kilog.

La jurisprudence se prononce en général dans le premier sens et va même jusqu'à considérer que celui qui emprunte le billet d'un autre pour le faire servir à obtenir un transport en franchise auquel son propre billet ne lui donne pas droit tombe sous le coup de la loi de 1845 et de l'ordonnance de 1846 car, il contrevient aux règles édictées par des tarifs qui, revêtus de l'homologation régulière, ont force de loi ; tous ces tarifs contiennent en effet la disposition suivante : « Tout voyageur dont le bagage ne pèsera pas plus de 30 kilog. n'aura à payer pour le port de ce bagage aucun supplément du prix de sa place » ce qui signifie, dit-on, que son bagage seul peut bénéficier de la franchise. — (Cassation, 16 décembre 1882, *France judiciaire*, VII, 2, 167, Poitiers, 26 janvier 1883, Orléans, 27 mars 1884.)

Cette règle rigoureuse comporte d'ailleurs des tempéraments très équitables ; lorsqu'il s'agit de membres d'une même famille ou d'une même société, on leur permet de confondre leurs billets. — (Lyon, 25 février 1863, Caen, 23 janvier 1865, Rennes, 22 avril 1868 et Cassation, 16 décembre 1882.)

La fraude à la loi est regardée comme consommée par cela seul qu'un voyageur présente pour l'enregistrement de ses bagages un billet qui n'est pas le sien et qui appartient à une personne avec laquelle il n'a aucun lien de famille ou de société ; il n'est pas nécessaire que l'enregistrement ait eu lieu et que le transport ait été effectué, car ce sont là des faits auxquels le voyageur demeure étranger.

170. — Il y aurait également contravention à l'ordonnance de 1846 dans le fait de celui qui, ne voyageant pas lui-même, emprunterait, pour faire expédier gratuitement un colis lui appartenant, le billet d'un autre voyageur. (Lyon, 25 février 1863 ; Caen, 25 janvier 1865.) Mais il est certain qu'il ne faudrait pas pousser à l'extrême les conséquences de ce principe et qu'un voyageur pourrait sans aucune difficulté se servir de son propre billet pour faire transporter un colis appartenant à une autre personne qui le lui aurait confié, car le colis se trouverait alors en sa possession.

171. — *Bagages non réclamés.* — Lorsque les bagages ne sont pas réclamés, ils sont envoyés au dépôt et soumis à un droit de magasinage. — Si, au bout de 6 mois personne ne s'est présenté pour les reprendre, ils sont remis à l'Administration des domaines qui les fait vendre.

Le voyageur dont les bagages ont été vendus ainsi ne peut en principe formuler aucune plainte contre les compagnies de chemins de fer ; celles-ci encourraient toutefois une responsabilité si le voyageur, ayant réclamé ses colis avant l'expiration du délai de 6 mois, elles avaient négligé de faire les recherches voulues et de prévenir l'administration des domaines, car il y aurait dans ce cas, une négligence, une faute dont les compagnies devraient être tenues de réparer les conséquences. — (Cassation, 17 mai 1882.)

Compétence en matière de transports par chemins de fer.

172. — Si les demandes en annulation de tarifs dûment homologués et les difficultés qui peuvent surgir entre deux ou plusieurs compagnies pour ce qui concerne l'usage de leurs lignes respectives sont du domaine exclusif de l'autorité administrative et échappent aux tribunaux de l'ordre judiciaire, ces der-

niers sont, au contraire, exclusivement compétents pour statuer sur les litiges auxquels peut donner naissance le contrat de transport entre les compagnies et les simples particuliers qui font transporter par elles leurs marchandises ou leurs bagages ou se font transporter eux-mêmes.

173. — Lorsqu'il s'agit de contestations de cette nature, la compétence appartiendra suivant les cas aux tribunaux civils, ou aux tribunaux de commerce ; les juridictions répressives pourront être saisies de l'action en dommages-intérêts dérivant d'un fait réprimé par la loi pénale, tel qu'une contravention aux réglements administratifs ayant force de loi ; c'est le cas de l'action intentée par les compagnies à la suite de procès-verbaux constatant que les expéditeurs ont donné aux marchandises expédiées une fausse dénomination. — (Cassation, 22 mars 1875.)

Les compagnies de chemins de fer sont des entrepreneurs de transports, elles se livrent donc habituellement à des actes de commerce et présentent par suite le caractère de sociétés commerciales ; dans ces conditions, toutes les fois que leurs adversaires ont également la qualité de commerçants et que le contrat se rattache à leur commerce, la juridiction commerciale est seule compétente , la jurisprudence va même très loin dans cette voie, car elle reconnait aux tribunaux de commerce le droit de connaitre des actions naissant de quasi-délits à l'occasion d'actes de commerce entre commerçants. — (Cassation, 3 janvier 1872, 9 juillet 1873, 5 août 1875, 11 juillet 1877, 14 février 1882.)

174. — Si les tribunaux de commerce sont compétents, l'article 420 du Code de procédure civile doit nous conduire à laisser au demandeur le choix entre les tribunaux suivants :

1° *Le tribunal du domicile réel ou élu du défendeur* ;

2° *Le tribunal dans l'arrondissement duquel est situé la gare d'où les marchandises sont expédiées ou le bureau de ville établi pour les expéditions*, car c'est dans cette gare ou dans ce bureau que se forme le contrat et que les marchandises sont remises par les expéditeurs aux compagnies ;

3° *Le tribunal de l'arrondissement du lieu de destination*, car c'est dans ce lieu que la compagnie se libère envers l'expéditeur et le destinataire au nom duquel ce dernier a stipulé.

4° Dans le cas où il s'agit d'un transport de marchandises en *port dû*, le *tribunal de l'arrondissement dans lequel ce prix est soldé par le destinataire*; en général les mêmes juges sont compétents, que la livraison ait lieu à domicile ou en gare.

175. — Si le contrat est civil pour l'expéditeur, il faut appliquer les règles posées par nous en traitant du transport des marchandises, c'est-à-dire, que la compagnie demanderesse ne peut saisir que les tribunaux civils, tandis que, si elle est défenderesse, son adversaire peut la citer à son choix devant la juridiction civile ou devant la juridiction commerciale.

La règle est dans le cas où la compétence est civile que le tribunal du domicile du défendeur peut seul être saisi.

176. — Une difficulté se présente, lorsqu'il s'agit de déterminer où les compagnies de chemins de fer peuvent être valablement *assignées*; le principe est que les sociétés de commerce doivent être regardées comme ayant leur domicile là où se trouve la maison sociale, or les compagnies de chemins de fer ont ordinairement leur domicile à Paris, de telle sorte qu'en règle générale c'est dans cette ville que ceux qui veulent leur intenter un procès sont obligés de les assigner, mais la jurisprudence admet heureusement quelques tempéraments à la fois très équitables et très juridiques à la rigueur du principe.

Il est évident tout d'abord que, si les compagnies ont établi dans certaines villes des agents ayant reçu mandat de les représenter, ceux-ci peuvent régulièrement recevoir des significations à l'adresse des compagnies mandantes; ce premier point n'est pas douteux, mais la jurisprudence, partant de ce principe qu'une maison de commerce peut avoir plusieurs domiciles puisque l'article 59 de la loi du 24 juillet 1867 sur les sociétés de commerce, prévoyant le cas où une société à plusieurs maisons de commerce, prescrit des mesures de publicité au siège de chacune d'elles, estime *que les compagnies de chemins de fer sont valablement assignées partout où l'on peut considérer qu'elles ont des succursales*, c'est-à-dire, des gares importantes dont les directeurs peuvent être regardés comme ayant reçu des pouvoirs suffisants pour défendre à toutes les actions en justice se référant à l'exploitation de cette succursale. (Cassation, 30 juin 1858.) Mais l'on ne doit pas aller jusqu'à dire qu'il suffit qu'une compagnie ait dans une ville quelconque une gare importante pour que cette gare soit considérée par cela seul comme une succursale. — (Cassation, 15 novembre 1875.)

Ce serait une erreur de regarder d'une façon générale, tout chef de gare comme ayant qualité pour représenter la compagnie. — (Cassation, 26 mai 1857, 27 juin 1858 et 5 avril 1859.)

Si une compagnie de chemins de fer n'a pas un domicile attributif de juridiction dans toutes les localités où elle possède une gare, elle doit cependant être réputée en avoir un à la gare où ses statuts lui imposent l'obligation d'élire un domicile et peut être assignée devant le tribunal de l'arrondissement où est située cette gare.

La règle qui permet de traduire les sociétés de commerce et notamment les compagnies de chemins de fer devant les tribunaux dans le ressort desquels elles ont des succursales s'applique seulement à la condition essentielle qu'il s'agisse des opérations de cette succursale. La jurisprudence est constante sur ce point.

C'est ainsi qu'il a été jugé qu'une compagnie ne pouvait être assignée en la personne du chef d'une gare de son réseau à raison d'une opération entièrement étrangère à cette gare, sous le seul prétexte que celle-ci était la plus importante de l'arrondissement judiciaire où se trouvait le lieu de destination (Cassation, 3 février 1885), et qu'au contraire l'assignation était valable lorsque la ville où se trouvait la succursale était le lieu de destination ou d'expédition des marchandises formant l'objet du litige. — (Cassation req., 19 juin 1876 et 17 avril 1866, Orléans 20 novembre 1868, Lyon 29 juillet 1870, Aix, 21 août 1872 et Cassation req., 2 juillet 1872.)

177. — *Compétence en matière de colis postaux.* — La jurisprudence admet d'une façon générale que les actions intentées par l'expéditeur ou le destinataire d'un colis postal contre la compagnie de chemins de fer qui s'est chargée d'effectuer le transport, doivent être portées non pas devant les tribunaux de l'ordre judiciaire mais devant la *juridiction administrative.* — (Tou-

louse, 16 avril 1883, Paris, 27 août 1884, Cassation, 11 février 1884, *France judiciaire*, VIII, 2, 249.)

Elle admet, en effet, que la connaissance des actions en responsabilité dérivant des transports par la poste appartient exclusivement, sauf les exceptions inscrites dans les textes, aux tribunaux administratifs; or le transport des colis postaux est en réalité un service postal se rattachant au domaine de l'autorité administrative ; l'État s'est substitué les compagnies, mais celles-ci ne sont nullement des concessionnaires ; c'est en réalité l'Administration des Postes qui effectue le transport avec le matériel et le personnel que les compagnies lui ont prêté en vertu d'un accord intervenu entre eux.

La thèse de la jurisprudence a le grand avantage de pouvoir invoquer outre ces considérations, le texte même de la convention du 2 novembre 1880 entre le ministre des travaux publics représentant l'État et les compagnies de chemins de fer, ou de transports maritimes. L'article 10 de ce traité est ainsi conçu : « Toutes les contestations auxquelles pourraient donner lieu entre l'administration, les compagnies et les tiers l'exécution et l'interprétation de la présente convention ainsi que de la convention internationale et du règlement d'exécution auquel elle se réfère seront jugées par les tribunaux administratifs ».

Le tribunal compétent sera le tribunal administratif de droit commun, c'est-à-dire suivant quelques auteurs le ministre et suivant les autres le conseil d'État, mais on ne pourrait saisir d'un litige relatif aux colis postaux les conseils de préfecture dont la compétence offrant un caractère exceptionnel, doit être limitée aux cas prévus par les textes de lois.

Malgré les termes si formels de l'article 10 de la convention du 2 novembre 1880, l'on a soutenu quelquefois que les réclamations se rattachant au transport des colis postaux sont du domaine des tribunaux judiciaires et cette solution a même été consacrée par le tribunal civil de Nogent-sur-Seine, le 23 février 1882 et par le conseil de préfecture d'Ille-et-Vilaine le 22 février 1884; cette opinion s'appuie sur ce fait qu'il s'agit dans les procès de ce genre d'un contrat qui s'est formé entre l'expéditeur et la compagnie, contrat devant être régi par les règles de droit commun, puisqu'il ne présente aucun caractère administratif, mais toutes ces considérations ne peuvent prévaloir contre un texte qui paraît bien clair et bien impératif.

178. — *Transport des personnes.* — Lorsqu'il s'agit du transport des personnes et notamment de réclamations relatives aux bagages il est certain que les tribunaux de commerce ne sauraient être compétents que si le voyage, se rattachant à quelque entreprise commerciale, présente pour le voyageur le caractère d'un acte de commerce ; c'est ainsi qu'ils seraient valablement saisis de l'action en dommages-intérêts intentée contre une compagnie de chemins de fer pour la perte d'une malle contenant des échantillons, perte qui a fait manquer à un commerçant une vente avantageuse ; il a été jugé que les règles de l'article 420 du code de procédure civile étaient applicables (Toulouse, 26 juillet 1860, Poitiers, 12 février 1861), mais il y a eu des décisions en sens contraire (Rouen, 21 juin 1855, Pau, 13 décembre 1864), il serait donc prudent de saisir de préférence le tribunal du domicile du défendeur dont la compétence ne saurait en aucune hypothèse être contestée.

179. — Dans le cas où le contrat est purement civil de la part du voyageur, la compétence des tribunaux civils sera facultative, s'il est demandeur, car la compagnie qui est commerçante ne pourra jamais se plaindre d'être assignée devant la juridiction commerciale ; cette compétence sera au contraire obligatoire si le voyageur est défendeur.

180. — L'on a soutenu quelquefois que la loi du 25 mai 1838 qui, dans son article 2, attribue au juge de paix la connaissance des contestations entre voyageurs, voituriers ou bateliers pour retard, frais de route et perte ou avaries des effets, constituait une dérogation aux articles 631 et 632 du code de commerce et que le juge de paix était en cette matière exclusivement compétent, quelle que fût la qualité des parties en cause.

La Cour de Cassation a estimé que cette dérogation n'étant formellement exprimée dans aucun texte ne devait pas être admise : que l'attribution de compétence faite par la loi au juge de paix n'avait d'autre but que d'étendre le cercle de ses attributions dans le domaine civil et non de modifier les règles ordinaires sur la compétence en enlevant aux tribunaux de commerce la connaissance d'affaires se rattachant à des opérations commerciales. (Cassation, 4 novembre 1864 et Aix, 27 juin 1868.) La question est toutefois controversée et un arrêt de Paris, du 6 novembre 1866, ainsi que plusieurs autres décisions ont admis que le juge de paix est compétent à l'exclusion de toute autre juridiction.

Législation fiscale.

181. — Pour déterminer les *impôts* applicables au transport des marchandises par chemin de fer, il faut distinguer suivant que ce transport a lieu par *petite ou par grande vitesse* dans le premier cas, aucune taxe fiscale ne peut être perçue ; il en est différemment dans le second où le fisc est autorisé à percevoir : 1° Un dixième du prix du transport dans lequel est compris non seulement la taxe afférente au transport par le chemin de fer, mais encore les frais accessoires, droit édicté par la loi du 14 juillet 1855 et augmenté de deux décimes. 2° Un second dixième édicté par la loi du 16 septembre 1871 (art. 12) ; de telle sorte que, si nous supposons un transport dont le prix est de 200 francs, le trésor percevra, d'un côté, un dixième ou 20 francs augmenté de 2 décimes ou 4 francs et d'autre part un nouveau dixième ou 20 francs, soit au total 44 francs.

182. — Pour les lettres de voiture et les récépissés, les droits de timbre ne varient pas avec le prix du transport mais sont fixés d'une manière uniforme pour la grande vitesse à 70 centimes sur les lettres de voiture et 30 centimes sur les récépissés et, pour la petite vitesse, à 70 centimes sur ces deux catégories de titres. Ce droit de timbre ne peut être perçu que sur un des doubles du récépissé.

Un nouveau droit de timbre de 10 centimes est perçu à l'occasion de la remise au destinataire du double du récépissé ou de la lettre de voiture car c'est un acte emportant libération pour le destinataire.

Il a été jugé par arrêt de la cour de Rennes en date du 2 janvier 1873 que le destinataire ne pouvait en aucun cas se soustraire au payement de cette taxe, même en refusant le double du récépissé ou de la lettre de voiture ; les magistrats ont estimé qu'il y avait là une fraude à la loi fiscale, mais leur opinion a été justement critiquée par M. Lyon-Caen, car ce n'est pas la libération elle-même qui est frappée par la loi fiscale mais bien l'acte emportant libération.

Quant au droit de 10 centimes pour l'émargement qui, lui aussi, représente un acte de libération, il est compris dans les droits de timbre édictés sur les lettres de voiture et les récépissés (article 11 de la loi du 28 février 1872).

183. — En vertu du décret du 19 avril 1881, le droit de timbre frappe également les colis postaux; il est de 10 centimes seulement en y comprenant le droit qui correspond à l'émargement; l'impôt des deux dixièmes qui frappe les transports par grande vitesse n'est pas applicable aux colis postaux (art. 6 de la loi du 3 mars 1881).

184. — Le transport des personnes est soumis comme celui des marchandises par grande vitesse à l'impôt des deux dixièmes augmenté de deux décimes portant sur le prix du voyage ; il y a de plus un droit de quittance de 10 centimes sur les billets de place dont la délivrance constate que le voyageur a payé le prix du transport, mais il n'est dû qu'au-dessus de 10 francs.

L'impôt des deux dixièmes frappe aussi le transport des bagages mais seulement pour ce qu'on appelle l'excédant des bagages, c'est-à-dire, pour ceux dont le poids dépasse les 30 kilogrammes transportés en franchise.

Aucun droit de timbre n'est perçu sur le bulletin de bagages, mais l'enregistrement donne lieu au payement d'une taxe de 10 centimes.

Transports par eau.

185. — Les *transports par eau* à *l'exception* toutefois des transports *maritimes*, qui sont régis par une législation toute spéciale édictée par les articles 273 à 310 du code de commerce sont soumis en tous points et, notamment pour les obligations des parties et pour la responsabilité du commissionnaire ou du voiturier, aux mêmes règles que les transports ayant lieu par les voies terrestres, c'est-à-dire à l'ensemble des dispositions contenues dans les articles 1782 à 1788 du code civil et 96 à 108

du code de commerce; d'ailleurs, les transports, qui emprun-
tent la voie des fleuves et des canaux sont compris comme nous
l'avons dit précédemment (V. n° 3) sous la dénomination générale de transports *terrestres.*

La *navigation fluviale* a, de même que la police du roulage,
fait l'objet de *règlements divers* auxquels les maîtres de bateaux
et les expéditeurs sont tenus de se conformer. V° Navigation
fluviale et maritime.

186. — Une difficulté s'est présentée en ce qui touche les
entreprises de *remorquage,* sur le point de savoir si le contrat qui intervient entre l'expéditeur et le remorqueur présente le caractère d'un contrat de transport ou d'un simple
louage d'ouvrage ; la question offre le plus grand intérêt, en
effet, s'il y a louage de services, le remorqueur n'est responsable que de la faute par lui commise ou de la négligence par lui
apportée dans l'exécution de son contrat : si au contraire, il y
a transport, il est gardien des choses transportées et, comme
elles lui ont été confiées, il en est responsable à moins de prouver que la perte ou les avaries qu'elles ont subies ont leur ori-
gine dans un cas fortuit ou de force majeure.

La Cour de Paris par arrêt du 21 février 1873 s'est prononcée
en ce sens et a estimé que l'entrepreneur qui s'engageait à remorquer un bateau jouait le rôle et assumait les obligations
d'un voiturier; que, par suite, il répondait de la perte ou des
avaries des marchandises remorquées, sauf dans les cas fortuits
ou de force majeure dûment justifiés.

Quel que soit le caractère de la convention intervenue, il est
bien certain que, si le bateau remorqué fait naufrage, par la
faute des agents du remorqueur, ce dernier devra supporter
toutes les conséquences de l'accident et répondre du retard apporté au relèvement du bateau et des conséquences de ce retard. — (Cassation Req., 25 février 1874.)

C'est également avec raison qu'il a été jugé dans le même
sens que le propriétaire du bateau remorqueur qui a contracté
envers l'expéditeur l'engagement de venir chercher un bateau
pour le remorquer et a apporté, dans l'exécution de son obligation un retard, par suite duquel ce dernier bateau a péri est res-

ponsable de cette perte, à moins de prouver que, sans le retard,
elle se fût produite de la même façon et que l'expéditeur eût
éprouvé le même préjudice.

Transports Internationaux.

187. — Lorsqu'un transport doit avoir lieu en partie sur le
territoire français et en partie sur celui d'une puissance étrangère, il peut intervenir une série de contrats dont chacun est
entièrement indépendant de celui qui précède et de celui qui
suit et se trouve, par suite, exclusivement régi, quant à ses
effets et à son exécution, par la loi du pays où il a pris naissance. Souvent, dans la pratique les choses se passent d'une manière différente : la compagnie de chemin de fer française qui
doit, la première recevoir les marchandises, consent à prendre
à sa charge le transport à effectuer, même pour la partie du trajet qui doit s'opérer en dehors de nos frontières et joue alors le
double rôle d'entrepreneur de transport et de commissionnaire,
car elle prend l'engagement de remettre entre les mains de la
compagnie étrangère les objets à transporter et répond envers
l'expéditeur et le destinataire de leur arrivée à destination, sauf
son recours contre la compagnie étrangère lorsque celle-ci est
en faute ; c'est alors que l'on peut qualifier le contrat unique
qui s'est formé, de contrat de transport *international*. Ce que
nous venons de dire des transports par chemins de fer doit s'appliquer à tous les transports terrestres quel que soit le moyen
de locomotion employé.

188. — Les compagnies de chemins de fer françaises sont
*libres d'accepter ou de refuser un transport à destination de l'é-
tranger* dans les conditions précédemment indiquées et cela en
raison de toutes les difficultés que soulève le point de savoir
quelle sera la loi applicable à ce contrat.

189. — Nos compagnies de chemins de fer s'entendent en général avec les compagnies étrangères pour les transports internationaux et elles se mettent parfois d'accord entre elles pour
l'application de tarifs *communs* dits « *tarifs internationaux* » ;
tous les traités de ce genre doivent pour acquérir un caractère

obligatoire être soumis à l'approbation du ministre des travaux publics.

Toutes les fois qu'il existe un tarif international il fixe les délais du transport et aucune discussion n'est alors possible sur ce point, mais lorsqu'il n'y en a pas et que cependant, malgré la pluralité des agents du transport, l'expéditeur n'a traité qu'avec la compagnie française, il faudra incontestablement appliquer à la partie du voyage effectuée en France les délais prescrits par nos lois et règlements et à celle qui a lieu à l'étranger les délais réglementaires étrangers (Lyon, 26 mars 1884); la somme de ces divers délais donnera le délai total, et, c'est uniquement lorsque ce dernier délai aura été dépassé, que l'expéditeur ou le destinataire pourront se plaindre; peu importe, par suite, qu'il y ait eu, à un moment quelconque du trajet, un retard plus ou moins grand par la faute de l'un des transporteurs, si le retard a été réparé par les autres et si la marchandise est ainsi arrivée à destination en temps utile.

190. — Même, lorsque le réseau français et le réseau étranger appartiennent à une même compagnie française, le délai d'un jour est accordé pour la transmission des marchandises expédiées en petite vitesse. (Arrêtés ministériels du 12 juin 1866, art. 9 et du 3 novembre 1879. — Lyon, 26 mars 1884).

191. — Il arrive quelquefois que les compagnies françaises, pour atteindre la première gare étrangère, soient obligées de parcourir une fraction du territoire étranger, cette gare ne se trouvant pas située exactement sur la ligne frontière; dans ce cas, la fraction du prix total du transport afférente à cette partie du trajet doit appartenir au transporteur qui l'a effectuée; la Cour de Cassation, par arrêt du 10 février 1886, s'est prononcée en ce sens dans une espèce, où il s'agissait d'une compagnie étrangère, mais les raisons de décider sont les mêmes. — Il se peut que l'hypothèse que nous venons d'indiquer soit prévue par les conventions internationales et alors les dispositions qui s'y trouvent insérées sont obligatoires pour chacune des parties contractantes.

192. — Les transports internationaux donnent lieu à de sérieuses difficultés, lorsqu'il s'agit de savoir dans quelle mesure,

il faut appliquer la loi française et de déterminer, d'un autre côté, la part qu'il convient de laisser à la législation étrangère, en un mot, il se produit cette situation que l'on appelle en droit international un *conflit de lois*.

Ces questions délicates ne se présentent pas, lorsqu'il existe un tarif international où elles sont toujours tranchées à l'avance ; une convention conclue à *Berne le 14 octobre* 1890 (V° n° 197) entre la France et diverses autres puissances les a fait disparaître dans bien des cas, mais n'a pu les supprimer entièrement ; cette convention ne vise, en effet, que les transports *par chemins de fer* et seulement pour *certains pays*, aussi des difficultés s'élèvent-elles encore : 1° pour les transports opérés autrement que par les chemins de fer ; 2° même pour les transports effectués par les voies ferrées, lorsqu'ils ont lieu sur les territoires des puissances qui n'ont pas été parties à la convention de Berne ou sur des lignes dépendant des pays contractants, mais non visées par le contrat.

Nous voyons par ce qui précède que les conflits de lois, quoique plus rares qu'autrefois, sont cependant encore possibles, il est donc utile d'indiquer brièvement quelques règles devant servir à les résoudre.

193. — *Solution des conflits de lois.* — La règle « *locus regit actum* », doit nous conduire à décider que, pour ce qui concerne les *formalités à remplir au départ*, et notamment les déclarations à fournir par l'expéditeur, il faut appliquer exclusivement la *loi du pays du contrat* ; c'est également cette loi qui déterminera les *modes de preuve* admissibles pour établir l'existence du contrat et des obligations en découlant.

Le contrat de transport engendre des *responsabilités* à la charge du commissionnaire et du voiturier ; ce sera encore la *loi du pays d'expédition* qu'il faudra consulter pour fixer le point de savoir à la charge de qui et dans quels cas ces responsabilités doivent prendre naissance, comment elles doivent être appréciées, dans quelles hypothèses, et par suite de quelles circonstances elles peuvent disparaître, et enfin quelles personnes ont le droit d'agir en responsabilité.

Dans ces conditions, une compagnie de chemins de fer étrangère, qui accepte d'une compagnie française la transmission d'un colis, devient par le seul fait de son acceptation, le mandataire substitué de la compagnie expéditrice et est soumise en cette qualité à toutes les responsabilités qu'entraine l'exécution des obligations de cette dernière.

Il importe donc peu que les statuts de la compagnie étrangère restreignent sa responsabilité en cas de retard, car il n'y a pas à tenir compte de leurs dispositions. — (Paris, 15 février 1881).

Réciproquement, le contrat de transport formé en pays étranger entre un expéditeur étranger et une compagnie de chemin de fer étrangère pour l'envoi en France de marchandises à expédier du pays étranger est soumis aux lois et règlements du pays où le contrat est intervenu.

Ces lois et règlements, s'ils n'ont rien de contraire à la loi française et à l'ordre public français, sont opposables au destinataire français désigné dans le contrat et agissant en vertu des stipulations qui y sont contenues.

Ainsi, il a été jugé que la clause d'un tarif belge d'après lequel, pour les expéditions de houille, le transporteur n'a pas à répondre du poids, si les wagons arrivent avec leur chaulage intact est opposable au destinataire français (Cassation 4 février 1874).

194. — La *loi du pays de destination* régit incontestablement tout ce qui se rattache à *l'exécution* du contrat, par conséquent, c'est elle qu'il faudra consulter pour savoir quelles sont les diverses *formalités à remplir à l'arrivée des marchandises et* s'il faut admettre ou non *des fins de non recevoir* à l'action en responsabilité ; la question a été tranchée en ce sens, pour ce qui concerne les règles relatives à la réception des marchandises, par un arrêt de la cour de Nimes du 9 juillet 1881, lequel a décidé que, si des marchandises expédiées de France en Russie et avariées en cours de route avaient été reçues par le destinataire, cette réception ne pouvait donner lieu à la déchéance de l'article 105 du code de commerce, cette déchéance n'étant pas édictée par la loi russe, si d'ailleurs le destinataire s'était conformé aux usages en vigueur en Russie pour la réception et la vérification des marchandises.

Le *privilège* du voiturier et du commissionnaire sur la chose transportée doit, quant à sa *conservation*, être régi par la *loi du pays de destination*, car c'est dans ce dernier pays que son titulaire doit le faire valoir et les questions soulevées alors se rattachent à l'exécution du contrat de transport.

195. — Il y a de vives discussions, à la fois en doctrine et en jurisprudence sur le point de savoir quelle est la loi applicable en ce qui concerne la *prescription*. Un arrêt de la Cour de Cassation du 13 janvier 1869 a estimé qu'en matière d'action personnelle, les règles de la prescription sont celles du *domicile du débiteur* qui, poursuivi, d'après la loi de son pays, a le droit de se prévaloir des dispositions de cette même loi, dont il est l'objet et que cette règle est spécialement applicable, quand il s'agit d'un contrat de transport, ainsi que cela résulte de la combinaison des articles 108 et 433 du code de commerce..

Dans la pratique, la loi du *domicile du débiteur* est souvent aussi en même temps la loi du pays de l'exécution ; quelques auteurs considèrent cette dernière condition comme essentielle, mais il est à noter que l'arrêt de la Cour de Cassation n'en fait aucune mention.

Il a été jugé d'un autre côté que la prescription doit être régie par la *lex loci contractus* c'est-à-dire par la loi du pays où le contrat a pris naissance (Alger, 18 août 1848) ; cette doctrine voit dans la prescription un mode de libération tenant au fond même du droit et non un simple moyen de procédure.

196. — Dans le cas où la Compagnie de chemin de fer française ne s'est chargée que du transport à effectuer sur notre territoire, il ne peut en général se produire aucun conflit de lois ; une pareille situation ne saurait se présenter qu'avec le concours de circonstances assez exceptionnelles ; il faut supposer que la dernière gare du réseau français se trouve située en pays étranger, de telle sorte que la France n'est pas le lieu d'exécution du contrat. — Lorsqu'il en est ainsi, nous estimons qu'il y a lieu de poser en principe les mêmes règles que précédemment ; toutefois, la loi étrangère ne nous parait pas devoir être appliquée même pour ce qui touche exclusivement à l'exécution du contrat, si le parcours sur le territoire étranger est extrêmement

court et peut être regardé avec raison comme un simple accessoire du transport effectué en France. Ces solutions nous semblent être les plus conformes à l'intention probable des co-contractants.

Convention de Berne du 14 octobre 1890.

197. — La convention signée à *Berne à la date des 13 et 14 octobre 1890 entre la France, l'Allemagne, l'Autriche-Hongrie (avec la principauté de Liechtenstein), la Belgique, l'Italie, le Luxembourg, les Pays-Bas, la Russie et la Suisse* et ratifiée dans la même ville le 30 *septembre* 1892 par les représentants de ces diverses puissances, après avoir fait dans chacun des pays co-contractants l'objet d'une approbation régulière, est venue réaliser un progrès incontestable en diminuant dans une mesure importante les conflits de lois. Pour atteindre ce but elle a employé deux moyens ; tantôt, elle a édicté l'application d'une loi uniforme pour tous les pays signataires du contrat, tantôt elle a indiqué l'état dont la législation devait être suivie.

198. — Cette convention étrangère aux transports qui, s'effectuent autrement que par les voies ferrées ainsi qu'aux transports des personnes ou de leurs bagages même par chemins de fer ne vise que les transports *internationaux des marchandises y compris le bétail,* elle ne concerne donc pas les transports *intérieurs* lesquels demeurent exclusivement régis par la loi du pays qu'ils concernent.

On doit entendre par transports *intérieurs ceux dont la gare de départ et la gare d'arrivée sont situées sur le territoire d'une seule puissance,* quand bien même les marchandises, expédiées auraient à traverser le territoire d'un autre état, pourvu que la ligne parcourue sur ce territoire relève d'une administration dépendant de l'état d'où l'expédition a été faite.

Le transport *international* suppose au contraire que *le point de départ et le lieu de destination se trouvent dans des pays différents* ; nous croyons utile de rappeler ici ce que nous avons dit plus haut à savoir, qu'il suppose un *contrat unique* conclu avec l'expéditeur et non une série de contrats en nombre égal à celui des pays à traverser.

199. — L'article 2 *limite* la portée de la convention et déclare qu'elle ne sera pas applicable aux objets suivants :

1° *Ceux dont le monopole est réservé à l'administration des Postes, fût-ce sur l'un des territoires à parcourir.*

2° *Les objets qui par leurs dimensions, leur poids ou leur conditionnement ne se prêteraient pas au transport à raison du matériel et des aménagements même d'un seul des chemins de fer qui doivent contribuer à l'exécution du contrat.*

3° *Ceux dont le transport serait interdit par mesure d'ordre public sur le territoire d'un des états à traverser.*

Divers objets sont, en raison des dangers, qu'ils peuvent présenter pour la régularité ou la sécurité de l'exploitation *exclus du transport* ou n'y sont *admis qu'à de certaines conditions* V° *dispositions réglementaires annexées à la convention.*

Dans la première catégorie nous trouvons :

1° *L'or et l'argent en lingots, le platine, les valeurs monnayées ou en papier, les papiers importants, les pierres précieuses, perles fines, bijoux et autres objets précieux.*

2° *Les objets d'art tels que tableaux, bronzes, antiquités.*

3° *Les transports funèbres.*

4° *La poudre à tirer, la poudre-coton, les armes chargées et tous les articles sujets à inflammation spontanée ou à explosion, les produits répugnants ou de mauvaise odeur qui ne sont pas indiqués parmi les objets admis au transport à de certaines conditions.*

Dans la *seconde* catégorie, nous nous bornerons à citer les *allumettes chimiques* et *autres allumettes à friction* telles que les allumettes bougies et celles d'amadou qui doivent être *emballées* avec soin dans des récipients de forte tôle et les *liquides inflammables* tels que l'acétone, qui ne sont admis au transport que lorsqu'ils sont contenus dans des *vases métalliques ou de verre hermétiquement clos et emballés dans de certaines conditions.*

A part les *exceptions* que nous venons d'énumérer, les administrations des chemins de fer des divers états co-contractants *sont tenues d'accepter* les expéditions pourvu que l'expéditeur se soit conformé aux dispositions de la convention, que le transport soit possible eu égard aux moyens ordinaires de transport et enfin que des circonstances de force majeure ne viennent pas y mettre obstacle.

200. — Une *lettre de voiture unique* sera rédigée ; elle doit être écrite dans *l'une* des deux langues *française* ou *allemande* ou tout au moins, si la langue officielle du pays d'expédition n'est ni l'allemand ni le français, être accompagnée d'une *traduction* dans l'une ou l'autre de ces langues.

Cette *lettre de voiture internationale* a été assimilée aux *récépissés* par la loi du 31 décembre 1892 au point de vue du droit de *timbre*.

Elle doit contenir les mentions suivantes (article 6).

a) *Le lieu et la date de sa création.*

b) *Le nom ou la raison commerciale de l'expéditeur constaté par sa signature ainsi que l'indication de son adresse. La signature pourra être imprimée ou remplacée par le timbre de l'expéditeur si les lois ou règlements du pays d'expédition le permettent.*

c) *La désignation de la gare d'expédition avec le nom de l'administration expéditrice ainsi que de la gare de destination avec le nom et le domicile du destinataire.*

d) *L'indication de la nature de la marchandise transportée et de son poids ou un renseignement remplaçant ces désignations conformément aux lois qui régissent le chemin de fer expéditeur ; en outre, pour les marchandises expédiées par colis, le nombre de ces derniers avec description de l'emballage et avec leurs marques et leurs numéros.*

e) S'il y a lieu, *la demande d'application d'un tarif spécial et l'indication de la somme représentant l'intérêt à la livraison.*

f) *La mention par grande ou par petite vitesse en port payé, ou en port dû et s'il y a lieu, le remboursement grevant les marchandises et les débours acceptés par le chemin de fer.*

g) *L'énumération détaillée des papiers requis par les douanes, octrois ou autorités de police et devant accompagner la marchandise.*

h) *La mention de la voie à suivre avec indication des stations où doivent être faites les opérations de douane.*

Si cette dernière mention n'existe pas, le chemin de fer devra choisir la voie qui lui paraît la plus avantageuse pour l'expéditeur et n'encourt de responsabilités en raison de son choix que s'il y a eu faute grave de sa part.

Si l'expéditeur a indiqué la voie à suivre, le chemin de fer ne pourra en suivre d'autre qu'en remplissant les conditions ci-après : 1° les opérations de douane auront toujours lieu aux stations désignées par l'expéditeur; 2° il ne sera pas réclamé une taxe de transport supérieure à celle qui eût été perçue avec l'itinéraire prescrit par l'expéditeur; 3° la livraison de la marchandise sera effectuée dans un délai ne dépassant pas celui qui résulterait de l'itinéraire indiqué dans la lettre de voiture.

Si les lois en vigueur dans le pays d'expédition l'ordonnent, le chemin de fer pourra exiger de l'expéditeur, outre la lettre de voiture, une pièce que l'administration gardera pour servir de preuve du contrat de transport.

201. — L'expéditeur supporte les conséquences résultant de ses déclarations irrégulières, inexactes ou incomplètes, mais l'administration du chemin de fer a toujours le droit de vérifier la véracité desdites déclarations ; cette vérification est faite dans les formes déterminées par la loi du pays où elle a lieu.

202. — La lettre de voiture fait *preuve du contrat de transport* une fois que l'administration de la gare expéditrice a apposé son *timbre* impliquant pour elle *l'acceptation du transport*, lequel timbre porte la *date* de cette acceptation.

Une *exception* est apportée à cette règle pour les marchandises qui doivent être *chargées par l'expéditeur*, en supposant naturellement qu'une semblable convention soit valable d'après la loi du pays d'expédition ; dans ce cas, les énonciations de la lettre de voiture relatives au poids ou au nombre des colis ne font preuve contre le chemin de fer transporteur, qu'autant que la *vérification* de ce poids et du nombre des colis aura été faite par lui et constatée sur la lettre de voiture.

203. — Le chemin de fer doit *certifier* la *réception* de la marchandise et la *date* de la remise qui lui en est faite sur un *duplicata* de la lettre de voiture que l'expéditeur doit lui présenter en même temps que cette lettre et qui, d'ailleurs, n'a la valeur, ni d'une lettre de voiture, ni d'un connaissement.

204. — Les *expéditions* des marchandises confiées aux chemins de fer doivent s'effectuer dans *l'ordre de leur acceptation au transport*, à moins qu'il n'y ait pour procéder autrement un motif légitime fondé sur les nécessités du service de l'exploitation ou sur l'intérêt public.

205. — L'article 11 de la convention consacre les principes d'*égalité* et de *publicité* avec prohibitions des traités particuliers, mais sont autorisées les réductions de prix dûment publiées et également accessibles à tous dans les mêmes conditions.

Les transports internationaux peuvent comme les transports intérieurs être effectués en port dû aussi bien qu'en port payé, mais lorsque les marchandises paraissent à l'administration de chemin de fer qui doit s'en charger le premier, être sujettes à une prompte détérioration ou ne pas garantir d'une manière suffisante les frais du transport, elle peut exiger l'avance de ces frais, ou, si le montant ne peut en être fixé exactement au moment de l'expédition, le dépôt d'une somme les représentant d'une façon approximative (article 12).

206. — L'expéditeur aura la faculté de grever la marchandise d'un *remboursement* jusqu'à concurrence de *sa valeur*; toutefois les dispositions réglementaires annexées à la convention décident que ce remboursement ne saurait excéder 2.000 *francs*.

207. — Ce sont également ces *dispositions réglementaires* qui fixent les *délais maxima du transport*.

Si la livraison n'a *pas lieu dans les 30 jours* qui suivent l'expiration du délai fixé par les lois et règlements, l'ayant droit peut, sans avoir à fournir d'autre preuve, *considérer la marchandise comme perdue* et agir en conséquence.

La *livraison* des objets transportés ainsi que l'obligation éventuelle du chemin de fer de les remettre au domicile du destinataire non domicilié à la station de destination, doivent être réglées conformément à la *législation* qui régit le chemin de fer chargé de la livraison, c'est-à-dire le *dernier transporteur*.

208. — C'est celui-ci qui a pour mission, dans le cas de transport effectué en port dû, de recouvrer toutes les créances résultant de la lettre de voiture tant pour son compte que pour celui des précédents transporteurs ou des autres intéressés, lorsqu'il s'agit de transports grevés de débours ou de remboursement.

L'article 21 lui accorde pour ces diverses créances un droit de *gage* qui subsiste aussi longtemps que la marchandise demeure entre ses mains ou celles d'un tiers qui la détient pour lui et l'article 22 ajoute que les *effets* du droit de *gage* seront réglés d'après *la loi du pays où s'effectue la livraison*.

209. — *Règles sur la responsabilité des transporteurs.* — Dans tous les cas de *perte totale ou partielle* ou *d'avaries*, les administrations des chemins de fer sont dans l'obligation de faire immédiatement procéder à des *recherches*, d'en constater le résultat *par écrit* et de le *communiquer* aux intéressés sur leur demande et en tous cas à la gare d'expédition. Si le chemin de fer découvre ou suppose une perte partielle ou une avarie ou si l'ayant-droit en allègue l'existence, l'administration du chemin de fer doit immédiatement dresser un *procès-verbal*, destiné à constater l'état de la marchandise, le montant du dommage et, autant que possible, la cause dont il dérive et l'époque à laquelle il remonte. L'obligation de dresser *procès-verbal* existe également en cas de *perte totale*.

Cette vérification est soumise aux lois et règlements du pays où elle est faite.

Tout intéressé pourra demander la constatation judiciaire de l'état de la marchandise (article 25).

Toutes les fois que le chemin de fer sera responsable de la perte totale ou partielle des objets transportés, l'indemnité mise à sa charge sera calculée d'après le prix courant des marchandises de même nature et qualité au lieu et à l'époque où la marchandise a été acceptée au transport et, à défaut de prix courant, d'après la valeur ordinaire de cette marchandise évaluée sur les mêmes bases ; il sera alloué les droits de douane, de transport et les autres frais qui auraient pu être déboursés (article 34).

En cas d'avarie, l'indemnité sera égale au montant de la dépréciation subie par la marchandise, mais, si celle-ci a bénéficié d'un tarif spécial, les dommages et intérêts devront être diminués proportionnellement à la réduction accordée sur le prix du transport (article 37).

En cas de retard (article 40), deux cas différents doivent être distingués ; ou l'ayant droit ne justifie d'aucun préjudice et alors il a seulement droit à une diminution du prix du transport qui varie suivant l'importance du retard, ou il peut établir qu'il a subi un dommage et il a droit dans ce cas à une indemnité susceptible d'égaler, sans pouvoir le surpasser, le prix total du transport.

Lorsqu'une indemnité est due par le chemin de fer, l'ayant droit peut réclamer les intérêts à 6 0/0 à partir du jour de la demande.

210. — *De l'action en responsabilité.* — Dans notre législation, les actions dérivant du contrat de transport appartiennent à l'expéditeur et au destinataire chacun dans la limite de ses droits, sans que tous deux puissent cependant agir cumulativement contre le voiturier ou le commissionnaire; pour le transport *international* réglementé par la convention de Berne, l'exercice de ces actions est *réservé* exclusivement (article 26), à celui *qui a le droit de disposer des marchandises.* Ce droit appartient à l'expéditeur tant que les marchandises sont encore en cours de route, pourvu qu'il produise le duplicata de la lettre de voiture, mais son droit cesse pour passer au destinataire, dès que ce dernier a reçu la lettre de voiture ou assigné le chemin de fer en délivrance des marchandises.

L'ayant droit pourra, sauf le recours des divers chemins de fer entre eux, intenter son action à son choix contre la *première administration*, ou *celle qui a reçu les marchandises en dernier lieu*, ou enfin *celle sur le réseau de laquelle le dommage s'est produit* (article 27, p. 3).

Une fois l'action intentée contre l'une d'elles, ce droit d'option s'évanouit.

211. — *Fin de non-recevoir et prescription.* — Le principe est que le *payement* du prix du transport ainsi que des autres frais grevant la marchandise et la *réception* de cette marchandise par le destinataire créent une *fin de non-recevoir* contre toute action dérivant du contrat que l'on voudrait intenter contre le chemin de fer (article 44), mais il comporte d'assez nombreuses *exceptions.*

La fin de non-recevoir ne s'appliquera pas dans les cas suivants :

a) *Si* l'on peut justifier que le dommage a été causé par un *dol* ou une *faute grave du transporteur*.

b) En cas de réclamation pour cause de *retard*, si elles sont faites dans un *délai de 7 jours non compris celui de la réception*.

c) Quand le destinataire a *constaté des avaries avant l'acceptation de la marchandise ou que la constatation des avaries a été omise par la faute du transporteur*.

d) En cas de réclamation pour *avaries non apparentes* qui n'ont été constatées par le destinataire que *postérieurement à la réception*, mais celui-ci ne sera en droit d'agir qu'aux *conditions* suivantes : 1° Il intentera son action *immédiatement après la découverte du dommage* et au plus tard dans *les 7 jours* à partir de la *réception* ; 2° il devra *prouver que le dommage s'est produit dans l'intervalle écoulé entre la remise faite par l'expéditeur et la livraison*. Ces diverses réclamations doivent être faites *par écrit*.

D'ailleurs, l'action du destinataire serait *non recevable* s'il se trouvait à même de *vérifier* la marchandise à la gare de destination et, si cette vérification a été offerte par le chemin de fer.

Le destinataire est fondé à refuser de prendre livraison tant que l'avarie ou la perte partielle n'a pas été constatée ainsi qu'il le demande, mais les réserves qu'il pourrait faire, au moment de l'acceptation, n'auraient aucune valeur à moins d'avoir été autorisées par l'administration du chemin de fer dernier transporteur.

Toutefois, s'il s'apercevait, au moment de la livraison de *l'absence* de *l'un* des objets énumérés dans la *lettre de voiture*, il pourrait *exclure* dans la quittance les colis non livrés, à la condition de les *désigner individuellement*.

La fin de non-recevoir ne s'applique *pas aux actions en détaxe* (article 12, p. 4).

212. — La durée de la *prescription* est *d'un an* pour les actions en *détaxe* (article 12, p. 4) et pour les actions en *responsabilité* pour *perte, totale ou partielle, avarie ou retard* (article 45) ; elle est *exceptionnellement* de *trois ans* quand le dommage éprouvé

par la marchandise a sa source dans un *dol* ou une *faute grave du chemin de fer.*

Le *point de départ* de cette prescription est le jour de la *livraison,* lorsqu'il s'agit *d'avaries* ou de *perte partielle,* celui où *aurait dû s'opérer la livraison,* dans le cas de *perte totale* ou de *retard,* ou enfin celui du *payement* du prix du transport en cas d'action en *détaxe.*

L'interruption de la prescription est régie par la *législation* du *pays où l'action est intentée.*

L'article 46 apporte en matière de transport *international* intéressant les pays signataires de la convention, une *exception* à la règle : « *quæ temporalia sunt ad agendum perpetua sunt ad excipiendum,* » en décidant que les réclamations éteintes ou prescrites ne peuvent être reprises ni sous forme de demande reconventionnelle, ni sous forme d'exception.

213. — *Règlement des recours.* — Lorsqu'un chemin de fer aura été obligé de payer une indemnité dans l'un des cas précédemment énumérés, il pourra se trouver avoir des *recours* à exercer contre ses co-transporteurs ; ces *recours* seront régis par les règles suivantes :

a) *Le chemin de fer qui a par sa faute occasionné le dommage doit être seul à en supporter les conséquences.*

b) *Quand le dommage a été causé par le fait de plusieurs chemins de fer, chacun d'eux est tenu de réparer le préjudice résultant de la faute qu'il a commise.*

c) *Lorsqu'on ne peut établir les responsabilités, tous les chemins de fer qui ont pris part au transport répondent du dommage proportionnellement à la fraction du prix du transport que chacun d'eux eût été en droit de percevoir si le contrat avait été exécuté. Il y aurait exception toutefois pour ceux qui prouveraient que le dommage n'a pu se produire sur leurs réseaux.*

Si l'un de ceux contre qui le recours est formé se trouve insolvable, la portion de l'indemnité totale qu'il eût dû supporter est répartie entre les autres proportionnellement au prix de transport revenant à chacun.

Les règles que nous venons d'indiquer sont également applicables au cas de *retard* : s'il y a eu faute collective des divers transporteurs ou de quelques-uns d'entre eux les dommages-intérêts seront supportés par ceux qui sont en faute proportionnellement à la durée du retard sur leurs réseaux respectifs (article 48).

Aucune solidarité n'existe entre les divers chemins de fer exposés à un recours de la part d'un de leurs co-transporteurs.

214. — Le chemin de fer qui exerce le recours pourra s'appuyer sur la décision définitive rendue au procès intenté contre lui par l'ayant droit, mais à la condition d'avoir *signifié l'assignation* à tous ceux qu'il pouvait être appelé à actionner ultérieurement et de les avoir ainsi mis à même d'intervenir pour présenter, s'ils le jugeaient utile, leurs explications. Quant au *délai d'intervention*, les *juges* ont une *entière latitude* pour le fixer suivant les circonstances de la cause.

Afin d'assurer la prompte solution des litiges, il n'est pas permis d'introduire le recours en garantie dans la même instance que la demande principale en indemnité.

Lorsqu'il y a des recours à former contre plusieurs chemins de fer, celui qui les exerce doit mettre en cause à la fois tous ceux contre lesquels il veut agir et, faute par lui de procéder ainsi, il perd tout droit vis-à-vis de ceux qu'il n'a pas actionnés. Un seul jugement doit d'ailleurs être prononcé et aucun recours ultérieur n'est admis de la part des chemins de fer qui ont figuré au procès.

215. — *Compétence.* — Les actions en *responsabilité* doivent être intentées devant le tribunal siégeant dans l'*état où l'administration actionnée aura son domicile et auquel la législation de ce pays attribuera compétence* (article 27, p. 4).

Pour les *recours*, le juge compétent sera celui du *domicile du chemin de fer contre lequel ils s'exercent* (article 53).

Quand il y aura dans ce dernier cas *pluralité* de défendeurs, le *demandeur* pourra *choisir* entre les divers juges compétents en raison du domicile de chacun de ces défendeurs.

216. — La *procédure* à suivre sera toujours, sauf disposition contraire, celle du *juge compétent*.

Les jugements contradictoires ou par défaut émanés de juridictions compétentes et devenus exécutoires en vertu des lois du pays où ils ont été rendus seront déclarés exécutoires sur les territoires des états signataires de la convention suivant les formes en vigueur dans la législation de chacun d'eux, mais sans révision du fond de l'affaire. Sont exclus de cette disposition les jugements qui ne sont exécutoires que provisoirement, ainsi que les condamnations à des dommages-intérêts prononcées contre un demandeur dont les prétentions ont été repoussées.

La *cautio judicatum solvi*, c'est-à-dire, la caution exigée de l'étranger demandeur dans certains pays et notamment en France est *supprimée* pour toutes les actions dérivant d'un transport international concernant les états co-contractants.

217. — *Création d'un office central de transports internationaux.* — L'article 57 du traité organise un *office central de transports internationaux*, chargé de faciliter les rapports entre les diverses administrations de chemins de fer des différents pays signataires de la convention ; cet office a pour mission de recueillir et de publier les renseignements utiles concernant les transports internationaux : il peut, en outre, être appelé à jouer le rôle d'arbitre entre les chemins de fer et à faciliter ainsi le règlement de leurs comptes réciproques.

Un règlement annexé au traité a fixé à *Berne* le siège de cet office central.

Il est à désirer que ces conventions internationales se généralisent, car elles présentent l'immense avantage de remplacer par des règles précises et formelles les controverses de la doctrine et l'arbitraire des tribunaux.

Appendice aux transports par chemins de fer.

218. — La législation relative aux transports par chemins de fer a subi récemment d'importantes *modifications*.

219. — *Colis postaux.* — Les colis postaux ne sont plus régis aujourd'hui par la convention du 2 novembre 1880, mais par un nouveau traité en date du 15 *janvier* 1892, conclu à la suite d'un arrangement concernant le service des colis postaux lequel a été signé à Vienne le 4 juillet 1891.

Cette convention qui a été approuvée par une loi du 12 avril 1892 et par laquelle les compagnies s'engagent à effectuer le transport des colis postaux de 0 *à 3 Kilogrammes* et de 3 *à 5 Kilogrammes*, se substituant aux engagements pris par le gouvernement dans la convention de Vienne, s'occupe successivement des transports *internationaux* et des transports *intérieurs*.

220. — *Régime international.* — La taxe *internationale* ou rémunération due aux compagnies est fixée à 50 *centimes* (article 2) et comprend :

1° Dans toutes les localités pourvues d'une gare la réception des colis à la gare ou aux bureaux de ville désignés par les compagnies.

2° Le transport sur les voies ferrées et la transmission entre compagnies.

3° L'accomplissement des formalités en douane. Elle ne comprend pas les droits fiscaux établis ou à établir.

La rémunération est également de 50 *centimes* pour les colis en *transit* par la France en y comprenant ceux en provenance ou à destination de Corse ou d'Algérie.

Lorsque le lieu d'expédition n'est *pas pourvu d'une gare*, les colis postaux sont reçus dans les bureaux de correspondance des compagnies ou à défaut dans les bureaux de postes desservis par des courriers de dépêches en voiture et les compagnies perçoivent alors de l'expéditeur une *taxe supplémentaire de 25 centimes* par colis pour l'apport en gare des colis à expédier.

221. — En cas de *factage à l'arrivée*, les compagnies perçoivent un nouveau droit *de 25 centimes* qui comprend la remise à domicile, si la localité est pourvue d'une gare desservie par un correspondant ou si, à défaut d'un service de correspondance, elle est le point extrême d'un service de dépêches en voiture, ou bien la remise au bureau de poste, si la localité est seulement desservie au passage par un courrier de dépêches en voiture.

Cette taxe est, à moins de convention contraire, réclamée au *destinataire* lors de la livraison du colis.

222. — L'article 5 de la convention décide que :

1° Les colis *encombrants*, et l'on entend par là ceux qui dépassent 1 *mètre* 50 dans un sens quelconque ou ceux dont la *forme* ne se prête pas facilement au chargement avec d'autres colis, qui sont volumineux ou qui demandent des précautions spéciales, sont soumis à une *surtaxe* de 50 *pour* 100.

2° Les *déclarations de valeur* sont acceptées jusqu'à 500 *francs* inclusivement moyennant le payement d'un droit proportionnel d'assurance égal à celui perçu au départ de France pour les lettres contenant des valeurs déclarées.

3° L'expéditeur peut grever le colis d'un *remboursement* qui ne peut excéder 500 *francs* à la condition d'acquitter une taxe de 20 *centimes* par fraction indivise de 20 francs du montant du remboursement ;

4° L'expéditeur peut, en versant une somme fixe de 25 *centimes*, obtenir *l'avis de la réception* du colis par le destinataire.

223. — Les colis soumis au régime international peuvent, si les expéditeurs en font la demande et versent une taxe supplémentaire de 50 *centimes*, être livrés à *domicile* par un porteur *spécial* aussitôt après leur arrivée au lieu de destination (article 6).

224. — Dans les relations avec les pays qui y consentent, les expéditeurs ont la faculté de prendre à leur charge les droits de douane exigibles à l'arrivée, à la condition d'en faire la déclaration préalable et de déposer au bureau de départ des arrhes suffisantes.

225. — Ils ont le droit de retirer du service les colis postaux ou d'en faire modifier l'adresse dans les mêmes conditions que lorsqu'il s'agit des objets de correspondance, mais alors, ils sont tenus de garantir d'avance le payement du port dû pour la nouvelle transmission.

226. — Si un colis postal est destiné à être embarqué sur un paquebot français ou étranger, ce sont les compagnies de chemin de fer qui se chargent de le transporter à bord dudit paquebot. Lorsqu'un colis postal arrive en France par mer, les formalités en douane ne sont remplies par les compagnies de chemin de fer que si le paquebot est étranger, dans le cas contraire, elles le sont par les compagnies maritimes.

227. — *Régime intérieur.* — La taxe n'est pas uniforme, elle est fixée à 50 *centimes* pour chaque colis de 3 *kilogrammes* ou au dessous, et a 70 *centimes* pour les colis pesant de 3 à 5 *kilogrammes*.

Si le lieu d'expédition n'est *pas pourvu de gare*, une taxe supplémentaire de 25 *centimes* sera perçue (article 9). En cas de *factage* à l'arrivée, un nouveau droit de 25 *centimes* sera exigible (article 10).

228. — Les compagnies se sont engagées aussi par la convention du 15 janvier 1892 à assurer le transport des colis postaux circulant *exclusivement, sur les voies de terre en dehors des voies ferrées*, moyennant le payement d'une taxe de 50 ou de 70 centimes et, en cas de distribution au domicile de destinataire, d'une taxe spéciale de 25 centimes.

229. — Les dispositions de l'article 5 de la convention sont applicables avec les réserves suivantes :

a) Les déclarations de valeur sont acceptées jusqu'à 500 *francs* inclusivement, mais l'expéditeur doit payer un droit *proportionnel d'assurance* égal à celui qui est perçu à l'intérieur pour les lettres avec valeur déclarée ; le droit à percevoir pour un remboursement de 500 francs ou au-dessous est égal *au prix de transport* payé pour le colis grevé de remboursement.

b) La taxe *additionnelle* de 50 pour 100 frappant les colis dits *encombrants* ne vise pas ceux qui circulent *exclusivement à l'intérieur*.

230. — *Responsabilité et Prescription.* — Sauf le cas de force majeure, quand un colis postal a été *perdu, spolié* (voir pour le sens de ce mot n° 221 *in fine*) ou *avarié*, soit l'expéditeur, soit à défaut ou sur la demande de celui-ci, le destinataire, a droit à une indemnité correspondant au montant réel de la perte ou de l'avarie, sans toutefois que cette indemnité puisse dépasser pour les colis ordinaires 15 *ou* 25 *francs*, suivant que leur poids n'excède pas ou excède 3 *kilogrammes* et pour les colis avec *valeur déclarée* le *montant de cette valeur* (article 13, p.1 de la convention de Vienne du 4 juillet 1891).

La durée de la *prescription* est fixée à *un an* (article 13, p. 6 de ladite convention).

231. — *Compétence.* — L'article 17 de la convention du 15 janvier 1892 décide en termes formels que les contestations auxquelles pourront donner lieu entre l'administration, les compagnies et les tiers, l'exécution ou l'interprétation de ladite convention, et des actes internationaux qu'elle vise, sont de *la compétence exclusive des tribunaux administratifs*.

232. — *Législation fiscale.* — L'article 26 de la loi du 26 janvier 1892 supprime la taxe additionnelle de 10 pour 100, établie par l'article 12 de la loi du 16 septembre 1871: 1° sur le prix des places des voyageurs transportés par chemins de fer, par voitures publiques, par bateaux à vapeur ou autres consacrés au public ; 2° sur le prix des transports de bagages y compris les dix centimes d'enregistrement et des messageries à grande vitesse par les mêmes voies.

La loi précitée supprime également dans son article 27 les taxes proportionnelles qui étaient perçues sur les prix nets des transports par grande vitesse des messageries, denrées et bestiaux. Les excédants de bagages, finances et chiens restent passibles de la taxe de 12 pour 100.

Pour les chemins de fer d'intérêt local, cette même loi édicte une taxe proportionnelle de 3 pour 100 sur les prix des places des voyageurs et les transports de bagages en grande vitesse.

Transports par la poste.

233. — Il est toute une catégorie de transports dont l'État représenté par l'Administration des Postes s'est réservé le *monopole* ; nous voulons parler du transport des lettres ordinaires et de celui des divers objets manuscrits que l'on désigne sous la dénomination générale *de papiers d'affaires ou de commerce* : pour ces derniers, le *monopole* n'existe que si leur poids n'excède pas *un kilogramme*. Si ces transports sont exclusivement réservés à l'Administration des Postes, ils ne sont pas les seuls dont elle consente à se charger dans la pratique ; ainsi elle opère celui des *journaux imprimés et paquets d'échantillons*, elle fait le service des *abonnements aux revues et aux journaux* ; elle se charge aussi *du recouvrement des effets de commerce, factures et valeurs commerciales ainsi que de la transmission des valeurs* ; cette transmission a lieu tantôt sous forme de *mandats de poste*, tantôt par lettres recommandées ou envois de valeurs déclarées.

Le public est également admis à expédier par tous les bureaux de poste de la France continentale, des îles du littoral, de la Corse et de l'Algérie et à destination de ces bureaux des *envois à livrer contre remboursement de leur valeur* jusqu'à concurrence de 2000 *francs*.

Ces envois peuvent contenir des objets de toute espèce admis à circuler par la poste à l'exception des lettres ou notes ayant le caractère de correspondance. (Loi du 20 juillet 1892).

Les taxes ne sont pas abandonnées à l'arbitraire des parties mais sont fixées à l'avance par la loi ; les principaux textes qui régissent cette matière sont la loi des 23, 24 et 30 juillet 1793, celle du 5 nivôse an V, du 25 juin 1856, du 4 juin 1859, du 25 janvier 1873, du 5 avril 1879, du 19 juillet 1881 et du 27 juin 1882.

234. — *Règles sur la responsabilité de l'État.* — Les transports par la poste sont sur bien des points soumis à des règles *spéciales* très favorables pour le transporteur, ainsi la seconde des lois précitées pose en principe que, contrairement à ce qui a lieu pour les autres voituriers, l'État n'encourt *aucune responsabilité* à raison de la *perte* ou des *avaries* des objets confiés à l'Administration des Postes ou du *retard* dans le transport. Cette responsabilité existe cependant à titre *exceptionnel* avec plus ou moins d'extension dans certains cas limitativement désignés.

235. — L'État est responsable de la perte d'une façon *illimitée* lorsqu'il s'agit *d'envois de valeurs déclarées*. L'article 1er de la loi de 1859 permet d'envoyer par la poste des *billets de banque* et des *valeurs* au *porteur* insérées dans des lettres à la condition que l'enveloppe qui les renferme soit *close* par des cachets portant une empreinte qui reproduit un signe particulier à l'expéditeur. Le *montant de la somme* ainsi envoyée doit être indiqué en *toutes lettres* sur l'enveloppe.

Cette déclaration présente la plus grande importance, car c'est elle qui en cas de perte sert de base aux restitutions à opérer par l'État ; c'est pour cette raison que celui qui indique une valeur inférieure à celle qui est effectivement contenue dans la lettre n'est passible d'aucune peine, car il ne cause de préjudice qu'à lui-même, tandis que celui qui déclare une valeur supérieure, exposant l'Etat à payer une somme plus élevée que celle qui lui a été confiée en réalité, est frappé par l'article 5 de la loi du 21 juin 1859 d'un emprisonnement de un mois à un an et d'une amende de 16 francs à 500 francs.

L'Administration des postes est tenue de délivrer un reçu à l'expéditeur au moment de l'envoi.

Sous le nom général de *valeurs déclarées*, on ne comprend pas seulement les billets de banque et les valeurs au porteur, mais aussi les *objets précieux* tels que des bijoux contenus dans des *boîtes*; leur valeur ne saurait être inférieure à 50 *francs*, ni excéder 10.000 *francs* (articles 9 et 10 de la loi du 25 janvier 1873), elle est fixée par la déclaration de l'expéditeur.

L'Etat est tenu de rembourser l'*intégralité* de la somme correspondante à la valeur déclarée non seulement lorsqu'il y a eu *perte ou vol des lettres ou boîtes contenant les valeurs en question, mais encore dans le cas de spoliation*, c'est-à-dire, lorsque les lettres ou les boîtes sont représentées et que le contenu seul a disparu.

Le remboursement doit être effectué entre les mains du *destinataire*, mais si ce dernier n'a formulé aucune réclamation dans le mois qui suit la perte, l'expéditeur en produisant le reçu qui justifie le dépôt effectué par lui a le droit d'exiger le remboursement pour son propre compte. Toutes les fois que l'Administration des Postes est tenue de réparer les conséquences de la perte, elle est *subrogée* aux droits que la personne lésée pouvait avoir à exercer contre les tiers dont le fait ou la faute avaient occasionné cette perte (Loi du 5 avril 1879, art. 8).

La responsabilité de l'Etat doit disparaître lorsqu'on se trouve en face d'un cas fortuit ou de force majeure et il faut prendre ces mots dans un sens large; ainsi, il a été jugé que la force majeure qui, aux termes de l'article 3 de la loi du 4 juin 1859, rend l'Administration des Postes non responsable de la perte des valeurs insérées dans les lettres et déclarées conformément aux articles 1 et 2 de cette loi, s'entend non seulement du vol à main armée, mais encore de tout événement que l'on n'a pu ni prévoir ni empêcher et auquel il a été impossible de résister et que dans ces conditions, l'Administration des Postes ne devait pas répondre de la perte par suite de naufrage de valeurs contenues dans des lettres chargées à bord du navire naufragé. Cassation 26 décembre 1866.

Les actions en responsabilité contre l'État pour transport des valeurs déclarées se *prescrivent par cinq ans depuis le dépôt des valeurs.*

236. — Lorsque l'Administration des Postes *a encaissé* une somme d'argent pour le compte d'un tiers, elle en devient *responsable* par le seul fait de l'encaissement et il est à noter que dans cette hypothèse sa responsabilité est forcément plus lourde ; elle est en effet constituée débitrice non plus d'un corps certain, mais de *choses fongibles*, c'est-à-dire, pouvant être remplacées par des choses de même espèce, or, *genera non pereunt*, donc l'État ne saurait se soustraire au remboursement, même en alléguant la force majeure.

Ici encore, la durée de la *prescription* est de *cinq ans*, elle commence à courir à partir du jour où l'Administration des Postes s'est trouvée en possession des fonds ; pour les *bons de poste*, la prescription a été exceptionnellement réduite à *un an* par la loi du 29 juin 1882. A côté des cas que nous venons d'énumérer et dans lesquels la responsabilité de l'État est sans limite, il y en a d'autres où elle existe, mais avec des *limitations importantes* ; c'est ce qui a lieu pour les effets ou valeurs dont l'Administration des Postes accepte d'opérer le recouvrement et pour les lettres ou les objets recommandés.

D'après le décret du 14 juin 1882, l'Administration des Postes peut se charger du recouvrement de valeurs commerciales nominatives pourvu que leur montant ne soit pas supérieur à 20.000 francs. Ces valeurs lui sont envoyées sous forme de lettre recommandée adressée par le déposant au bureau qui doit recouvrer la somme en question ; cette somme une fois encaissée, l'Administration la transforme en un mandat au nom de celui qui effectue le dépôt. Dans ces hypothèses, l'état est responsable en cas de *spoliation* ; sa responsabilité est *limitée* en cas de *perte* à une somme de 50 *francs*. Loi du 5 avril 1879, article 7.

Cette responsabilité est encore plus restreinte pour les *objets recommandés* ; l'indemnité est alors fixée à une somme de 25 *fr.*

(Loi du 25 janvier 1873, article 4), mais ici l'État ne *répond pas de la spoliation.*

L'on peut envoyer comme objets recommandés toutes valeurs autres que l'or ou l'argent, les bijoux et les effets précieux.

237. — En aucun cas la responsabilité n'est encourue pour le simple retard quelque considérable qu'il puisse être.

238. — L'on s'est demandé si l'État ne serait pas responsable toutes les fois que le retard, la perte ou la spoliation proviendraient soit d'une *fraude* (vol, par exemple), soit d'une *faute* imputable à *un employé des postes* et s'il ne faudrait pas appliquer alors l'article 1384 du code civil sur la responsabilité des maîtres et commettants à l'occasion des fautes de leurs préposés. La Cour de Cassation a résolu la question par l'affirmative dans deux arrêts en date des 12 janvier 1849 et 12 mai 1851 et a jugé que l'article 14 de la loi du 5 nivôse an V qui déroge en faveur de l'Administration des Postes aux règles de droit commun se réfère uniquement à des faits accidentels et involontaires et non à des faits constituant de la part des employés de cette administration des crimes ou des délits. La Cour suprême a estimé que dans ces conditions, l'État devait être déclaré civilement responsable, en vertu de l'article 1384 du code civil, d'un détournement commis par ses employés dans l'exercice de leurs fonctions. La jurisprudence administrative se prononce en sens contraire. — (Conseil d'État, 12 juillet 1850 ; 14 septembre 1852, et 21 janvier 1876 ; Tribunal des conflits, 20 mars 1882, et 20 décembre 1884).

239. — *Compétence.* — Les procès auxquels peut donner lieu la perte des *valeurs déclarées* sont de la compétence des tribunaux *civils* auxquels un texte formel, l'article 3 de la loi du 4 juin 1859, en a attribué la connaissance, mais, dans les autres cas, lorsqu'il s'agit par exemple de *lettres recommandées*, de contestations sur les valeurs à recouvrer, la question se pose de savoir s'il faut saisir la juridiction *administrative* ou les tribunaux de l'ordre *judiciaire*. — La jurisprudence administrative se prononce dans ce dernier sens ; il y a toutefois controverse.

240. — *Transports internationaux par la poste.* — Ces transports ont fait, pour ce qui concerne les rapports des diverses adminis-

trations entre elles et les taxes à percevoir du public, l'objet d'une convention dite « *de l'Union postale universelle* », car presque tous les pays du monde y ont adhéré ; cette convention qui vise seulement le transport des imprimés, lettres, cartes postales papiers d'affaires et échantillons a été signée à Paris le 1er juin 1878 et révisée ultérieurement dans deux congrès, tenus le premier à *Lisbonne* à la date du 21 *mai* 1885 et le second à *Vienne*, le 4 *juillet* 1891.

L'expéditeur peut toujours, à moins que la législation du pays ne s'y oppose, réclamer l'objet par lui expédié ou en modifier l'adresse tant que cet objet n'a pas été remis au destinataire (article 9 de la convention de Vienne) ; cette règle existe pour nos transports intérieurs en vertu d'une instruction ministérielle du 1er août 1884.

L'indemnité que l'expéditeur ou le destinataire est en droit d'exiger, sauf les cas de force majeure pour perte d'un objet recommandé, est fixée à 50 francs (article 8, p. 1 de la convention de Vienne).

241. — Les autres transports opérés par la poste ont fait à plusieurs reprises l'objet d'arrangements conclus entre la France et d'autres puissances, mais auxquels n'ont pas figuré tous les pays signataires de la convention d'Union postale universelle.

C'est ainsi qu'à cette même date du 4 juillet 1891, ont été conclus à Vienne divers arrangements concernant : 1o *l'échange des lettres et des boîtes avec valeurs déclarées* ; 2o *l'échange des colis postaux* ; 3o *le service des mandats de poste* ; 4o *celui des recouvrements* ; 5o *l'introduction des livrets d'identité dans le travail postal international.*

L'expéditeur ou le destinataire d'une lettre ou d'une boîte contenant des *valeurs déclarées* a droit en cas de *perte totale*, à une somme représentant *l'intégralité* des valeurs perdues et fixée d'après la déclaration faite au moment de l'expédition ; en cas de perte *partielle*, l'indemnité est égale au *montant* de la perte ; les mêmes solutions doivent être données pour le cas de *spoliation.*

Toute déclaration frauduleuse entraîne déchéance du droit à

l'indemnité avec réserve des sanctions pénales édictées par la loi du pays d'expédition.

Nous citerons en terminant les dispositions édictées par la convention de Vienne pour le cas de perte de valeurs à recouvrer contenues dans une lettre recommandée ; l'indemnité est alors fixée à 50 *francs*, mais lorsqu'il s'agit de la perte *de valeurs encaissées*, l'administration qui en est responsable doit la réparer intégralement (article 11 p. 2).

Imp. G. Saint-Aubin et Thévenot, Saint-Dizier (Hte-Marne), 30, passage Verdeau, Paris

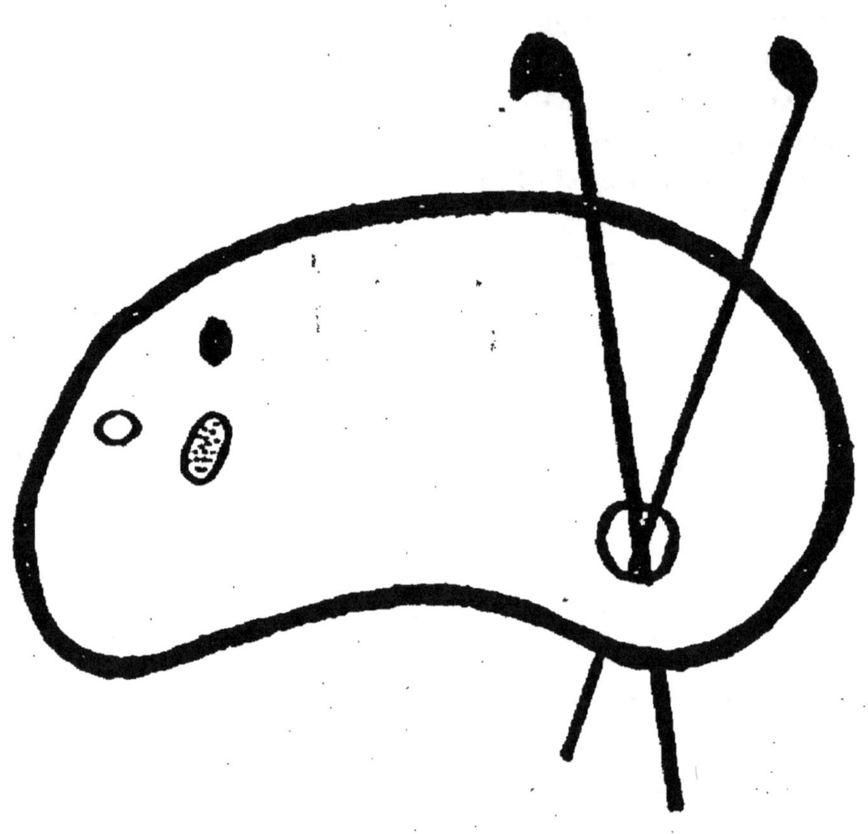

ORIGINAL EN COULEUR
Nº Z 43-120-8

www.ingramcontent.com/pod-product-compliance
Lightning Source LLC
LaVergne TN
LVHW052157050726
842523LV00017B/388